2024年版 　　　　　　重★要★論★点★攻★略

# ニュー・クイックマスター 中小企業診断士試験

## 経営法務

中小企業診断士試験クイック合格研究チーム
山本 勇介

5

同友館

# はじめに
―― 中小企業診断士試験を受験される皆様へ ――

## 中小企業診断士とは

中小企業診断士は中小企業が健全な経営を行うために、適切な企業診断と経営に対する助言を行う専門家で、「中小企業支援法」に基づいた国家資格です。その資格の定義として、一般社団法人中小企業診断協会のホームページ上で、「中小企業診断士制度は、中小企業者が適切な経営の診断及び経営に関する助言を受けるに当たり、経営の診断及び経営に関する助言を行う者の選定を容易にするため、経済産業大臣が一定のレベル以上の能力を持った者を登録するための制度」としています。そして、その主な業務は「現状分析を踏まえた企業の成長戦略のアドバイス」であり、専門的知識の活用とともに、企業と行政、企業と金融機関等のパイプ役、中小企業への施策の適切な活用支援まで、幅広い活動に対応できるような知識や能力が求められています。

## 中小企業診断士試験の1次試験とは

診断士の資格を得るためには、一般社団法人中小企業診断協会が行う診断士試験に合格しなければなりません。試験は1次試験の合格が必須で、合格後は①筆記の2次試験を受験し合格する、②独立行政法人中小企業基盤整備機構もしくは登録養成機関が実施する養成課程を修了する、のいずれかをクリアしなければ最終的な資格取得にはなりません。

いずれにせよ、資格取得のためには診断士1次試験の突破は必要で、その受験科目は診断士として必要な学識を問う7科目で、〔A経済学・経済政策　B財務・会計　C企業経営理論　D運営管理（オペレーション・マネジメント）E経営法務　F経営情報システム　G中小企業経営・中小企業政策〕といった多岐にわたる筆記試験（多肢選択式）になっています。

## 1次試験突破に向けた本書の活用法

このニュー・クイックマスターシリーズは、中小企業診断士1次試験7科目の突破に向け、できる限り効率的に必要な知識をマスターしていく、そこにウエイトを置いて編集されています。すなわち、7科目という幅広い受験科目の

中で試験に出やすい論点を重視し、網羅性や厳密さより学習する効率性や最終的な得点に結びつく効果を重視しています。そのため、財務・法務・情報システムのように別の資格試験では、さらに専門性が問われ、詳細な説明が必要とされている部分も、診断士1次試験に必要な部分だけに的を絞り、それ以外を思い切って削っています。

　本書は、各教科の項目ごとに必要な章立てがあり、そこでよく問われる（問われる可能性がある）項目を「論点」として掲げ、その【ポイント】で一番重要な部分を示し、本文の中で「論点を中心に必要な解説および図表」といった構成になっています。さらに【追加ポイント】と【過去問】で受験対策へのヒントを示しています。過去の試験で問われた箇所がわかることで、試験対策のイメージが湧き対策も練れることと思います。
　本書が思い切って網羅性よりも効率性を優先させた分、受験生である皆様の理解度や必要に応じて、本書の空きスペースに書き込むといった「自分の虎の巻である参考書」を作ることをお勧めします。理解への補足説明が必要な際は、インターネットや市販の書籍を通じ、知識の補完を本書に書き込むセルフマネジメントを試み、自分の使えるオリジナル参考書にしてください。

　本書では、**頻出論点をクイックに押さえるために、各論点に頻出度をA、Bでランク付けしています。**原則として、令和元年度から令和5年度の過去5年間で4回以上を「A」、2〜3回を「B」としています。
　併せて、令和4年度と令和5年度の1次試験の中で、今後も出題が予想される頻出論点の問題には解答・解説を掲載しました。まずはこの問題から押さえてください。

　1次試験は、あくまで中小企業診断士の資格取得までの通過点に過ぎません。診断士試験は、限られたご自身の時間という経営資源を、より効果的・効率的に使い、あきらめずに真摯に立ち向かえば、必ず合格できる試験です。何よりもそんな時の頼れるパートナーでありたい、そんな本書をいつでも手元に置き、試験突破に向けてフル活用していただき、次のステップへ駒を進めてください。

# ニュー・クイックマスター 「経営法務」に関して

　「経営法務」は、中小企業に助言を行う際に必要とされる、各種の法律、諸制度、手続などに関する知識を対象とする科目です。

　法務の場合、他に独占業務を持つ専門家（弁護士、司法書士、弁理士など）がいるため、中小企業診断士には、経営者の話から法的問題の所在を把握し、適切な専門家に橋渡しをすることが求められます。このため、１次試験の経営法務においては、試験範囲は幅広く、出題内容は広く浅く、出題形式は事例が多くなっています。

　経営法務の試験範囲は、以下の５分野に分かれます。

## 【Ⅰ. 事業開始、会社設立及び倒産等に関する知識】

　事業の開始から、合併等の組織変更、倒産処理に至るまで、企業のライフサイクルごとに必要な法的知識が問われます。主に必要な知識は、会社設立や組織変更では会社法、倒産処理では法的整理（破産、会社更生、民事再生）についてです。

## 【Ⅱ. 知的財産権に関する知識】

　知的財産権制度の目的、取得の要件や手続、取得した効果、ライセンス契約などに関する知識が問われます。主な内容は、産業財産権（特許権、実用新案権、意匠権、商標権）と著作権です。

## 【Ⅲ. 取引関係に関する法務知識】

　契約の成立要件や有効要件、国際取引に関する知識などが問われます。毎年必ず英文契約書の問題が出るのが特色です。

## 【Ⅳ. 企業活動に関する法律知識】

　民法、会社法、消費者保護法など、各種の法律に関する知識が問われます。特に出題が多いのは会社法、とりわけ株式や会社の機関についてです。

## 【Ⅴ. 資本市場へのアクセスと手続】

　株式上場、社債発行など、資金調達において必要な知識が問われます。

　各分野の出題比率は、年度によって若干異なります。令和４年度はⅠとⅣを合わせて48％、Ⅱが36％、Ⅲが16％でしたが、令和５年度はⅠとⅣを合わせ

て56%、Ⅱが32%、Ⅲが12%に変化しました。今後どうなるかは予断を許しません が、まずは会社法と知的財産権の学習を着実に進めて得点のベースを作り、他の分野については、過去に出題された論点を中心に基本的な事項をカバーしておくことにより、科目合格を勝ち取ることは十分可能と考えます。

　ニュー・クイックマスター「経営法務」では、試験範囲が多岐にわたり全体像を把握しづらい本科目について、頻出項目に絞り、ぜひ把握しておきたい基本的な内容を解説しています。本書の内容を理解することで、試験突破はもちろんのこと、中小企業診断士としての基礎的なスキルを身に付けることが可能です。

中小企業診断士試験クイック合格研究チーム

山本勇介

# 【目 次】

はじめに　iii

ニュー・クイックマスター「経営法務」に関して　v

## 序　章　「経営法務」の過去問対策　1

1. 令和5年度1次試験の分析 ································································· 2
2. 令和5年度の重要・頻出問題にチャレンジ ································ 9
3. 令和4年度の重要・頻出問題にチャレンジ ································ 23

## I　事業開始、会社設立及び倒産等に関する知識　37

### 第1章　事業の開始　38

論点1　個人と法人の違い、法人の種類 ········································ 38
A　論点2　株式会社の設立 ·································································· 40
B　論点3　株式会社以外の法人 ························································ 42
論点4　事業の開始に関する届出 ···················································· 44

### 第2章　組織再編　46

A　論点5　組織再編の全体像 ····························································· 46
B　論点6　合併の意義、特徴、手続 ················································ 50
論点7　対価の柔軟化と三角合併 ···················································· 52
A　論点8　事業譲渡の意義、特徴、手続 ········································ 54
B　論点9　会社分割の意義、特徴、手続 ········································ 56
論点10　株式交換・株式移転の意義、特徴、手続 ····················· 58
論点11　簡易組織再編・略式組織再編 ·········································· 60
論点12　組織再編等に関する個別論点 ·········································· 62

### 第3章　倒産等　66

論点13　倒産の意義と倒産手続の体系 ·········································· 66
論点14　破産手続 ·············································································· 68
論点15　会社更生手続 ······································································ 70
B　論点16　民事再生手続 ·································································· 72
論点17　私的整理の意義と特徴、各種再生手法等 ····················· 74

# II 知的財産権に関する知識 77

**第1章 知的財産権全般** 78

**論点1** 知的財産権の意義と種類································································78

**第2章 産業財産権** 80

**論点2** 特許制度の概要································································································80
Ⓑ **論点3** 特許を受けるための要件·······································································82
**論点4** 特許を受ける権利と職務発明·····················································84
Ⓑ **論点5** 特許権の取得手続·······················································································86
Ⓐ **論点6** 特許権の効力································································································88
Ⓐ **論点7** 実用新案制度の概要···················································································92
Ⓐ **論点8** 実用新案権の取得手続と効力································································94
**論点9** 意匠制度の概要································································································96
Ⓑ **論点10** 意匠の登録要件·······················································································98
Ⓐ **論点11** 意匠権の取得手続と効力···································································102
**論点12** 商標制度の概要·······················································································104
Ⓐ **論点13** 商標の登録要件と取得手続································································108
Ⓐ **論点14** 商標権の効力と特殊な商標····················································111

**第3章 不正競争防止法** 113

Ⓐ **論点15** 不正競争防止法の概要と不正競争行為の類型·············113
Ⓑ **論点16** 営業秘密の保護、民事的救済と刑事的措置··················116

**第4章 著作権** 118

Ⓑ **論点17** 著作権制度の概要································································118
Ⓑ **論点18** 著作者の権利① 著作権の体系、著作者の権利·············120
**論点19** 著作者の権利② 実演家等の権利···································123
Ⓑ **論点20** 著作権の成立、存続、制限································125

**第5章 知的財産権に関する契約** 127

Ⓑ **論点21** 産業財産権の利用に関する契約································127
Ⓑ **論点22** 著作権の利用に関する契約································129

**第6章 知的財産権に関する国際条約** 131

Ⓑ **論点23** 知的財産権に関する国際条約································131

# Ⅲ 取引関係に関する法務知識　135

## 第1章　債権と契約　136

**A** 論点1　債権の意義と発生原因································136
　論点2　契約の基礎と要件································138
**B** 論点3　契約の種類································140
**A** 論点4　契約の効力①································142
**B** 論点5　契約の効力②································144
　論点6　契約によらない債権································146

## 第2章　外国企業との取引　148

**B** 論点7　国際取引の基礎································148
　論点8　国際商取引に関する規則・条約································150
**A** 論点9　英文契約書の構造と重要用語································153

## 第3章　各種の契約　155

　論点10　各種の契約································155


# Ⅳ 企業活動に関する法律知識　159

## 第1章　民法　160

**B** 論点1　物権の概要································160
**A** 論点2　相続の概要································162
**B** 論点3　遺留分と経営承継円滑化法································164

## 第2章　会社法　166

**B** 論点4　株式の意義と株主の権利································166
**B** 論点5　各種の株式································168
**B** 論点6　株式会社の機関設計のルール································170
**A** 論点7　株主総会································172
**A** 論点8　取締役、取締役会、代表取締役································175
**A** 論点9　監査役、監査役会、会計参与、会計監査人································177
　論点10　指名委員会等設置会社、監査等委員会設置会社································179
　論点11　会社の計算································181

## 第3章　その他の法律　183

**B** 論点12　独占禁止法と下請法································183

**論点13** 製造物責任法 (PL法) ──────────────────────── 188

B **論点14** 消費者保護に関する法律 ──────────────────── 190

# V 資本市場へのアクセスと手続 197

**第1章** 資本市場に関する基本 198

**論点1** 資本市場に関する基礎知識 ──────────────── 198

**第2章** 企業の情報開示 200

**論点2** 金融商品取引法と情報開示 ──────────────── 200

**第3章** 株式公開手続 202

**論点3** 株式公開の意義、留意点、手続 ──────────── 202

**第4章** 社債の発行 204

B **論点4** 社債の種類と発行手続 ──────────────── 204

**参考資料** 「経営法務」の科目設置の目的と内容 ──────── 49, 107

**索引** ──────────────────────────────── 210

＊頻出論点をクイックに押さえるために、各論点に頻出度をA、Bでランク付けして記載している。
　原則として、令和元年度から令和5年度の過去5年間で4回以上を「 A 」、2～3回を「 B 」としている。

# 序 章

## 「経営法務」の過去問対策

1　令和5年度　1次試験の分析

2　令和5年度の　重要・頻出問題にチャレンジ

3　令和4年度の　重要・頻出問題にチャレンジ

（おことわり）
本書では2023年8月5日、6日開催の1次試験について解説をして
います。沖縄地区における再試験は出題数等に反映しておりません。

# 1 令和5年度1次試験の分析

## 1 総評

- 問題数は令和4年度と同様の25問であった。
- 「Ⅱ　知的財産権に関する知識」「Ⅳ　企業活動に関する法律知識」の両分野からの出題が多く、「Ⅰ　事業開始、会社設立及び倒産等に関する知識」「Ⅲ　取引関係に関する法務知識」の両分野からの出題がそれに次いだ。
- 「Ⅱ　知的財産権に関する知識」については、特許法、実用新案法、商標法、不正競争防止法、著作権法と例年どおり幅広い知識が求められていた。難易度としては標準的であり、基本知識で回答を絞り込めたか否かがポイントであった。

　出題レベルを見ると、令和4年度よりやや難化したと思われるが、基本的な問題や基礎知識で選択肢を絞り込むことのできる問題が多く出題されており、全体的には易しいレベルであったと思われる。

## 2 全体概況

| 問題数 | 問題数：25<br>令和4年度と同じであった。 |
|---|---|
| 出題形式 | 例年と同様、短文の選択肢の正誤を判定させる問題と、長い会話文や説明文を読ませたうえで答えさせる問題が混在していた。平成29年度、平成30年度と2年連続で出題されたグラフを用いた問題は今年度も出題されなかった。 |

| 出題分野 | 試験案内「科目設置の目的と内容」の分野ごとに、出題数の変化を分析すると、下記のとおりである（数字は「令和4年度」→「令和5年度」の順）。 |
|---|---|
| | Ⅰ　事業開始、会社設立及び倒産等に関する知識　4問→5問 |
| | Ⅱ　知的財産権に関する知識　9問→8問 |
| | Ⅲ　取引関係に関する法務知識　4問→3問 |
| | Ⅳ　企業活動に関する法律知識　8問→9問 |
| | Ⅴ　資本市場へのアクセスと手続　0問→0問 |
| | Ⅵ　その他経営法務に関する事項　0問→0問 |

令和4年度と比較して、「Ⅰ　事業開始、会社設立及び倒産等に関する知識」「Ⅳ　企業活動に関する法律知識」からの出題が増加した。一方、「Ⅱ　知的財産権に関する知識」「Ⅲ　取引関係に関する法務知識」からの出題は減少した。「Ⅴ　資本市場へのアクセスと手続」「Ⅵ　その他経営法務に関する事項」からの出題数は変わらなかった。

問題数と内容面から令和5年度の特徴をまとめると、以下のとおりである。

① 「Ⅰ　事業開始、会社設立及び倒産等に関する知識」の出題数は、令和4年度の4問から5問へと増加した。事業譲渡と合併の比較、株式会社の設立、民事再手続に関する問題が出題された。

② 「Ⅱ　知的財産権に関する知識」の出題数は、令和4年度の9問から8問へと減少した。特許権、著作権を中心に、基本的な問題が出題された。令和4年度に続き、特許権及び著作権の共有というやや細かな知識も問われた。

③ 「Ⅲ　取引関係に関する法務知識」の出題数は、令和4年度の4問から3問へと減少した。相殺といった債権に関する基本論点のほか、仲裁、英文契約書関連の問題が出題された。

④ 「Ⅳ　企業活動に関する法律知識」の出題数は、令和4年度の8問から9問へと増加した。民法から2問、会社法から4問出題されたほか、独占禁止法、製造物責任法、景品表示法から各1問が出題された。

⑤ 「Ⅴ　資本市場へのアクセスと手続」「Ⅵ　その他経営法務に関する問題」は、令和5年度も出題されなかった。

| 難易度 | ▶令和4年度と比較すると、細かい論点が出題されており、やや難化したと思われる。 |
|---|---|
| | ▶例年出数数の多い「Ⅱ　知的財産権に関する知識」分野からの出題は、細かな規定を問う問題も見られたものの、基本知識で解答を絞り込めるものも多かった。 |
| | ▶法改正のあった点は例年頻出ポイントであり、近時の民法改正や会社法改正については対策していた受験生も多かったものと思われる。もっとも、細かな点も問われていたため、得点源とすることは難しかったかもしれない。 |

## ③ 頻出分野と対策

| 問題No・出題分野 | 分析と対策 |
|---|---|
| **第1問**<br>企業活動に関する法律知識<br>（株主総会） | 【分析】<br>●株主総会における手続の省略に関する理解が問われた。<br>●細かい条文知識が問われたため、正答はやや難しかったと思われる。<br>【対策】<br>●株主総会については「Ⅳ　企業活動に関する法律知識」の【論点7：株主総会】に基礎知識を整理している。「追加ポイント」に令和元年会社法改正に関しても記載しているため、あわせて学習しておいてほしい。<br>●本問で問われた点はやや細かく、正答は難しかったかもしれないが、株主総会は頻出論点であるため、しっかりと学習しておいてほしい。 |
| **第11問**<br>知的財産権に関する知識<br>（特許法） | 【分析】<br>●特許法における各規定に関する記述の正誤が問われた。<br>●条文知識があれば解答可能ではあったが、特許権の共有という視点で学習している受験生は多くはなかったと思われる。なお、共有という視点は、第20問でも出題されている。<br>【対策】<br>●特許法に関しては、「Ⅱ　知的財産権に関する知識」の【論点2：特許制度の概要】から【論点6：特許権の効力】に基礎知識を整理している。<br>●特許法に関しては毎年出題される頻出論点である。また、類似制度についての比較の問題も頻出論点である。同Ⅱの【論点1：知的財産権の意義と種類】に記載しているような比較表を用いて学習しておくとよい。 |

| 第12問<br>知的財産権に関する知識<br>(不正競争防止法) | 【分析】<br>●不正競争防止法における「不正競争」に関する記述の正誤が問われた。<br>●やや細かい条文が問われてはいるが、「営業秘密」の定義を理解していれば解答可能であったため、正答は難しくなかったものと思われる。<br>【対策】<br>●不正競争防止法に関しては、「Ⅱ　知的財産権に関する知識」の【論点15：不正競争防止法の概要と不正行為の類型】に概要を整理している。<br>●不正競争防止法はほぼ毎年出題される頻出論点であるため、しっかりと学習しておいてほしい。 |
| --- | --- |
| 第16問(設問1)<br>取引関係に関する法務知識<br>(英文契約書(準拠法・紛争解決条項)) | 【分析】<br>●相談者が外国企業と取引を開始するにあたり先方から提示された英文契約書を検討するという設定で、「準拠法」及び「紛争解決条項」に関して問われている。<br>●英文そのものの読解ができなくても、設問文や単語からの推測で選択肢を絞り込むことが可能であり、正答にたどり着くことも可能であったと思われる。<br>【対策】<br>●英文契約書は、毎年必ず出題される頻出論点である。<br>●英語に苦手意識があるため「捨て問」にする受験生も見かけるが、毎年出題されているため、最初から「捨て問」とするのはもったいない。「Ⅲ　取引関係に関する法務知識」の【論点9：英文契約書の構造と重要用語】に英文契約書の言い回しや重要用語をまとめているので、それらを参考に過去問にチャレンジして、英文への耐性を身につけてほしい。 |
| 第17問(設問2)<br>企業活動に関する法律知識<br>(経営承継円滑化法) | 【分析】<br>●経営承継円滑化法に関する理解が問われた。<br>●基礎的な要件について問われており、条文知識があれば解答可能であったと思われる。<br>【対策】<br>●経営承継円滑化法については「Ⅳ　企業活動に関する法律知識」の【論点3：遺留分と経営承継円滑化法】に概要を整理している。<br>●事業承継は、今後ますます重要性を増してくる事項であるため、経営承継円滑化法についても、その要件と効果について押さえておきたい。 |

| 第21問 | 【分析】 |
|---|---|
| 取引関係に関する<br>法務知識<br>(相殺) | ●相殺に関する記述の正誤が問われた。 |
| | ●やや細かい条文知識も問われていたものの、適切な選択肢<br>自体は基礎的な条文知識によって選択可能であったと思わ<br>れる。 |
| | 【対策】 |
| | ●「Ⅲ 取引関係に関する法務知識」の【論点1：債権の意<br>義と発生原因】に相殺についての改正の概要を整理してい<br>る。 |
| | ●近時、相殺を含む民法改正が行われたところであり、改正<br>のあったポイントについては押さえておきたい。 |

## ④ 60点攻略のポイント〜『ニュー・クイックマスター』を使ってできること〜

### 分野に偏りなく、まんべんなく学習することが重要

●経営法務では、ここ数年、分野別の出題比率が大きく変わっている。以前のように「会社法と知財をやっておけば6割取れる」とは言えなくなった。「出題分野の割合が毎年変わるのが、経営法務の傾向である」と割り切って、ヤマをかけ過ぎずに、本書の各単元をまんべんなく学習してほしい。

### 科目合格へのカギは、「基本知識の正確な理解・記憶」

●今年度の知的財産法や民法の問題に見られるように、細かい論点を問う問題が出題されることがある。また、過去に基本知識が問われた項目について、知識レベルを上げて再度出題されることがある。このような難易度の高い問題への対策をするのは、時間的制約から実際には難しいだろう。本書で過去の出題をベースにセレクトされた基本事項のみをしっかりと押さえ、「あとはその場で考える」と割り切って本試験に臨むのが現実的であり、それでも60点は十分取れる。

### 法改正はしっかりフォローする

●経営法務の特徴として、法改正が頻繁に出題される点があり、特に前年の改正点についてはしっかりとまとめておく必要がある。本書の本文や「追加ポイント」で主要な改正点に触れているので、読み飛ばさずに理解してほしい。

その際は、変更後の規定や数字などを丸暗記するのではなく、①改正前はどんな制度だったのか、②どんな問題があったのか、③どんな変更をして問題の解決を図ったのか、の3点を押さえながら学習することが、記憶の精度を高め、引っかけを見抜くことにもつながる。

# 2 令和5年度の重要・頻出問題にチャレンジ

## 株主総会（手続の省略）

頻出度 A

➡ p.172

### ■令和5年度　第1問

　株主総会に関する記述として、最も適切なものはどれか。

ア　株主総会の報告事項及び決議事項について、株主総会における決議及び報告のいずれも省略することが可能となった場合、株主総会の開催を省略することができるため、株主総会議事録の作成も不要となる。

イ　公開会社ではない会社及び公開会社のいずれの会社においても、取締役又は株主が提案した株主総会の目的である事項について、当該提案につき議決権を行使することができる株主の全員から書面又は電磁的方法により同意の意思表示があったときは、当該提案を可決する旨の決議があったものとみなされる。

ウ　公開会社ではない会社においては、株主総会は、株主全員の同意があるときは招集手続を経ることなく開催することができるが、公開会社においては、定款に書面による議決権行使及び電磁的方法による議決権行使に関する定めがあるか否かにかかわらず、株主全員の同意があっても、招集手続を経ることなく株主総会を開催することはできない。

エ　公開会社ではない会社においては、取締役が株主の全員に対して株主総会に報告すべき事項を通知した場合において、当該事項を株主総会に報告することを要しないことについて株主の全員が書面又は電磁的方法により同意の意思表示をしたときは、当該事項の株主総会への報告があったものとみなされるが、公開会社においては、このような株主全員の同意の意思表示があっても、当該事項の株主総会への報告があったものとみなされない。

| 解答 | イ |
|---|---|

## ■ 解説

株主総会の手続の省略に関する問題である。

ア：不適切である。決議や報告を省略できる場合であっても、株主総会議事録の作成を省略することはできない（会社法施行規則72条4項参照）。

イ：最も適切である。取締役又は株主が株主総会の目的である事項について提案をした場合において、当該提案につき株主（当該事項について議決権を行使することができるものに限る）の全員が書面又は電磁的記録により同意の意思表示をしたときは、当該提案を可決する旨の株主総会の決議があったものとみなされる（会社法319条1項）。「公開会社ではない会社」か「公開会社」かは問わない。

ウ：不適切である。「公開会社ではない会社」か「公開会社」かにかかわらず、株主総会は、株主の全員の同意があるときは、招集の手続を経ることなく開催することができる（会社法300条本文）。また、株主全員の同意があっても招集手続を省略できないのは、書面による議決権行使又は電磁的方法による議決権行使に関する事項が招集の際に定められた場合である（会社法300条ただし書、298条1項3号・4号）。

エ：不適切である。「公開会社ではない会社」か「公開会社」かにかかわらず、取締役が株主の全員に対して株主総会に報告すべき事項を通知した場合において、当該事項を株主総会に報告することを要しないことにつき株主の全員が書面又は電磁的記録により同意の意思表示をしたときは、当該事項の株主総会への報告があったものとみなされる（会社法320条）。

以上より、イが正解である。

株主総会手続の省略について学習が行き届いている受験生は少なかったと考えられる。一方、株主総会の問題は頻出事項であるため、関連する条文は一通り目を通しておきたい。

# 特許法

頻出度
A

➡ p.88

■**令和5年度　第11問**

特許法に関する記述として、最も適切なものはどれか。

ア　特許権が共有に係るときは、各共有者は、他の共有者の同意を得なくても、その持分を譲渡することができる。

イ　特許権が共有に係るときは、各共有者は、他の共有者の同意を得なければ、その特許権について他人に通常実施権を許諾することができない。

ウ　特許を受ける権利が共有に係るときは、各共有者は、特許法第38条の規定により、他の共有者と共同でなくとも、特許出願をすることができる。

エ　特許を受ける権利が共有に係るときは、各共有者は、他の共有者の同意を得なくても、その特許を受ける権利に基づいて取得すべき特許権について、仮専用実施権を設定することができる。

| 解答 | イ |
|------|-----|

## ■ 解説

特許法に関する理解を問う問題である。

ア：不適切である。特許権が共有に係るときは、各共有者は、他の共有者の同意を得なければ、その持分を譲渡し、又はその持分を目的として質権を設定することができない（特許法73条1項）。

イ：最も適切である。特許権が共有に係るときは、各共有者は、他の共有者の同意を得なければ、その特許権について専用実施権を設定し、又は他人に通常実施権を許諾することができない（特許法73条3項）。専用実施権とは、特許発明の実施をする権利を専有する権利のことである（特許法77条2項）。

ウ：不適切である。特許を受ける権利が共有に係るときは、各共有者は、他の共有者と共同でなければ、特許出願をすることができない（特許法38条）。

エ：不適切である。特許を受ける権利が共有に係るときは、各共有者は、他の共有者の同意を得なければ、その特許を受ける権利に基づいて取得すべき特許権について、仮専用実施権を設定し、又は他人に仮通常実施権を許諾することができない（特許法33条4項）。

以上より、イが正解である。

特許権の共有については、令和4年度の第9問でも出題されており、しっかり押さえておきたい。なお、特許権が共有に係るときでも、その特許発明の実施については、各共有者は、契約で別段の定をした場合を除き、他の共有者の同意を得ないですることができる（特許法73条2項）。

# 不正競争防止法

## ■令和5年度　第12問

　不正競争防止法に関する記述として、最も適切なものはどれか。

ア　不正競争防止法第2条第1項第1号に規定する、いわゆる周知表示混同惹
　　起行為において、「商品の包装」は「商品等表示」に含まれない。

イ　不正競争防止法第2条第1項第2号に規定する、いわゆる著名表示冒用行
　　為と認められるためには、他人の商品又は営業と混同を生じさせることが
　　1つの要件となる。

ウ　不正競争防止法第2条第1項第4号乃至第10号に規定される営業秘密に
　　該当するには、秘密管理性、独創性、新規性の3つの要件を満たすことが
　　必要である。

エ　不正競争防止法第2条第1項各号でいう「不正競争」として、「競争関係に
　　ある他人の営業上の信用を害する虚偽の事実を告知し、又は流布する行為」
　　が同法に規定されている。

| 解答 | エ |
|------|-----|

■ 解説

　不正競争防止法に関する理解を問う問題である。

ア：不適切である。「商品等表示」とは、人の業務に係る氏名、商号、商標、標章、商品の容器若しくは包装その他の商品又は営業を表示するものである（不正競争防止法2条1項1号かっこ書）。

イ：不適切である。不正競争防止法2条1項2号は、自己の商品等表示として他人の著名な商品等表示と同一若しくは類似のものを使用し、又はその商品等表示を使用した商品を譲渡し、引き渡し、譲渡若しくは引渡しのために展示し、輸出し、輸入し、若しくは電気通信回線を通じて提供する行為（「著名表示冒用行為」）を不正競争と定める。他人の商品又は営業との混同が要件となるのは、周知表示混同惹起行為（不正競争防止法2条1項1号）である。商品等表示の著名性が要件となる代わりに、混同が不要とされている。

ウ：不適切である。「営業秘密」とは、秘密として管理されている生産方法、販売方法その他の事業活動に有用な技術上又は営業上の情報であって、公然と知られていないものをいい（不正競争防止法2条6項）、①秘密管理性、②有用性、③非公知性が要件である。

エ：最も適切である。競争関係にある他人の営業上の信用を害する虚偽の事実を告知し、又は流布する行為は不正競争である（不正競争防止法2条1項21号）。

　以上より、エが正解である。

　やや細かい条文について選択肢にあるものの、「営業秘密」の定義は、不正競争防止法の最重要知識であるため、確実に押さえておきたい。

頻出度
A

➡ p.153

■**令和5年度　第16問（設問1）**

　以下の会話は、X株式会社の代表取締役である甲氏と、中小企業診断士であるあなたとの間で行われたものである。この会話を読んで、下記の設問に答えよ。

甲　氏：「弊社は、米国ニューヨーク市に本拠を置くY社から商品を輸入し、国内で販売しようと考えています。それに当たって、Y社から届いた契約書案を検討しているのですが、以下の条項はどのような内容でしょうか。」

　　1. This Agreement shall be governed by and construed in accordance with the laws of the state of New York, the United States of America, without reference to conflict of laws principle.

　　2. All dispute arising out of or in connection with this Agreement, including any question regarding its existence, validity or termination, shall be referred to and finally resolved by arbitration in New York City, New York, the United States of America by the American Arbitration Association in accordance with the Arbitration Rules of the American Arbitration Association.

あなた：「1項は　　　A　　　を定めており、2項は　　　B　　　を規定しております。御社は日本でY社から輸入した商品を販売されるとのことですので、準拠法は日本法で提案するのはいかががでしょうか。」

甲　氏：「ありがとうございます。その点については、Y社と交渉しようと思います。裁判と仲裁はどのような違いがあるのでしょうか。」

あなた：「それぞれメリット・デメリットがありますので、その点も含めて、知り合いの弁護士を紹介しますので、相談に行きませんか。」

甲　氏：「ぜひ、よろしくお願いします。」

（設問1）
　会話の中の空欄AとBに入る記述として、最も適切なものはどれか。

ア　A：本契約がアメリカ合衆国ニューヨーク州法に準拠し、同法に従って解
　　　　釈されること
　　B：本契約から、または本契約に関連して発生するすべての紛争はニュー
　　　　ヨーク市における米国仲裁協会による仲裁に付託され、最終的に解決
　　　　されること

イ　A：本契約がアメリカ合衆国ニューヨーク州法に準拠し、同法に従って解
　　　　釈されること
　　B：本契約から、または本契約に関連して発生するすべての紛争はニュー
　　　　ヨーク市の連邦地方裁判所の管轄に属すること

ウ　A：本契約がアメリカ合衆国の連邦法に準拠し、同法に従って解釈される
　　　　こと
　　B：本契約から、または本契約に関連して発生するすべての紛争はニュー
　　　　ヨーク市における米国仲裁協会による仲裁に付託され、最終的に解決
　　　　されること

エ　A：本契約がアメリカ合衆国の連邦法に準拠し、同法に従って解釈される
　　　　こと
　　B：本契約から、または本契約に関連して発生するすべての紛争はニュー
　　　　ヨーク市の連邦地方裁判所の管轄に属すること

| 解答 | ア |
|------|----|

## ■ 解説

国際売買契約における英文契約書の理解を問う問題である。

空欄Aでは、1項の意味が問われている。1項は、「本契約は、抵触法の原則にかかわらず、アメリカ合衆国ニューヨーク州法に準拠し、同法に従って解釈される。」という趣旨の条文であり、準拠法についての定めである。準拠法とは、当該契約書を解釈する際に基準となる法律を意味する。抵触法とは、当事者間においてどの国の法律を適用するかについて定めた法律であり（日本では、「法の適用に関する通則法」）、抵触法が適用される結果、契約書で定めたはずの準拠法とは異なる法律（1項でいえば日本法）が適用されることにならないよう、抵触法の不適用も規定されている。

空欄Bでは、2項の意味が問われている。2項は、「その存在、有効性または終了に関するあらゆる争点も含め、本契約から生じた、または、本契約に関連する全ての紛争は、アメリカ仲裁協会の仲裁規則に従い、アメリカ合衆国ニューヨーク州ニューヨーク市におけるアメリカ仲裁協会の仲裁に付され、最終的に解決されるものとする。」という趣旨の条文である。

以上より、正しい記述の組み合わせである、アが正解である。

上記は正攻法の解き方であり、実際には英文の読解ができない場合もあると思われる。このような場合、たとえば空欄Bについては、その後の甲氏による「裁判と仲裁はどのような違いがあるのでしょうか」という質問をふまえ、2項が仲裁について規定していると推測する、といった解き方が考えられる。（たとえば、2項が国内の契約に一般的に定められる裁判管轄の条項なのであれば、甲氏があえて仲裁のことを尋ねるのは文脈的に不自然である、という推論が成り立ち得る。）

本試験は一問が合否を左右するため、答えがわからない場合でも諦めずに正答率を上げる試みを行ってほしい。

# 経営承継円滑化法

→ p.164

## ■令和5年度　第17問（設問2）

　以下は、中小企業診断士であるあなたと、X株式会社の代表取締役甲氏との会話である。この会話を読んで、下記の設問に答えよ。なお、甲氏には、長男、次男、長女の3人の子ども（いずれも嫡出子）がいる。

甲　氏：「そろそろ後継者に会社を任せようと思っています。私には3人の子供がいるのですが、次男に自社の株式や事業用の資産を集中して承継させたく、生前贈与等を考えています。」

あなた：「原則として、ご自身の財産をどのように処分するのも自由ですが、民法は、遺族の生活の安定や最低限度の相続人間の平等を確保するために、一定の相続人のために法律上必ず留保されなければならない遺産の一定割合を定めております。この制度を　　　　　　　　といい、生前贈与や遺言の内容によっては、株式や事業用資産を承継したご次男が、他の相続人の　　　　　　　　を侵害したとして、その侵害額に相当する金銭の支払を請求される可能性があります。場合によっては、承継した株式や事業用資産を売却せざるをえない事態もありえますので、注意が必要です。」

甲　氏：「将来もめずにうまく会社を引き継ぐ方法はないですか。」

あなた：「中小企業における経営の承継の円滑化に関する法律、いわゆる経営承継円滑化法に、民法の特例が設けられています。先代経営者から後継者に贈与等された自社株式について、<u>一定の要件を満たしていることを条件に</u>、　　　　　　　　の算定の基礎となる相続財産から除外するなどの取り決めが可能です。これにより、後継者が確実に自社株式を承継することができます。必要があれば、知り合いの弁護士を紹介します。」

（設問2）

　会話の中の下線部について、経営承継円滑化法における民法の特例に関する記述として、最も適切なものはどれか。

ア　経営承継円滑化法における民法の特例を受けることができるのは、中小企業者のみで、個人事業主の場合は、この特例を受けることはできない。

イ　経営承継円滑化法における民法の特例を受けるためには、会社の先代経営者からの贈与等により株式を取得したことにより、後継者は会社の議決権の3分の1を保有していれば足りる。

ウ　経営承継円滑化法における民法の特例を受けるためには、経済産業大臣の確認と家庭裁判所の許可の双方が必要である。

エ　経営承継円滑化法における民法の特例を受けるためには、推定相続人全員の合意までは求められておらず、過半数の合意で足りる。

| 解答 | ウ |
|------|-----|

■ **解説**

　経営承継円滑化法の理解を問う問題である。

ア：不適切である。個人事業主も経営承継円滑化法における民法の特例を受けることができる（経営承継円滑化法4条3項）。

イ：不適切である。先代経営者からの贈与等により株式を取得したことにより、後継者は会社の議決権の過半数を保有する必要がある（経営承継円滑化法3条3項）。

ウ：最も適切である。経営承継円滑化法7条及び8条を参照。

エ：不適切である。推定相続人全員との合意が必要である（経営承継円滑化法4条1項、3項）。

　以上より、ウが正解である。

# 相殺

頻出度
**A**

➡ p.136

## ■令和5年度　第21問

相殺に関する記述として、最も適切なものはどれか。なお、別段の意思表示はないものとする。

ア　差押えを受けた債権の第三債務者は、差押え前から有していた差押債務者に対する債権を自働債権とする相殺をもって差押債権者に対抗することができない。

イ　相殺の意思表示は、双方の債務が互いに相殺に適するようになった時にさかのぼってその効力を生ずる。

ウ　不法行為から生じた債権を自働債権として相殺することはできない。

エ　弁済期が到来していない債権の債務者は、その債権を受働債権として相殺することができない。

| 解答 | イ |
|---|---|

## ■ 解説

　相殺に関する理解を問う問題である。

ア：不適切である。差押えを受けた債権の第三債務者は、差押え後に取得した
　　債権による相殺をもって差押債権者に対抗することはできないが、差押え
　　前に取得した債権による相殺をもって対抗することができる（民法511条
　　1項）。

イ：最も適切である。相殺の意思表示は、双方の債務が互いに相殺に適するよ
　　うになった時にさかのぼってその効力を生ずる（民法506条2項）。

ウ：不適切である。「悪意による不法行為に基づく損害賠償の債務」及び「人の
　　生命又は身体の侵害による損害賠償の債務」の債務者は、相殺をもって債
　　権者に対抗することができないが（民法509条）、不法行為に基づく債権
　　を有する債権者は相殺が可能である。

エ：不適切である。弁済期が到来していない債権の債務者であっても、当該
　　債務者は期限の利益を放棄することができるため（民法136条2項本文）、
　　その債権を受働債権として相殺することができる。

　以上より、イが正解である。

　細かい条文知識が問われている選択肢もあるものの、適切な選択肢は基礎的
な条文知識をもって選択可能であるため、しっかり押さえておきたい。

# 3 令和4年度の重要・頻出問題にチャレンジ

## 株主総会（株主提案権）

頻出度 **A**

➡ p.172

### ■令和4年度　第3問

　以下の文章は、令和元年になされた会社法改正に関して説明したものである。空欄に入る数値として、最も適切なものを下記の解答群から選べ。

　なお、議案要領通知請求権とは、株主が提出しようとする議案の要領を株主に通知すること（招集通知に記載又は記録すること）を請求できる権利のことである。

　「会社法の一部を改正する法律」（令和元年法律第70号）においては、株主提案権の濫用的な行使を制限するための措置として、取締役会設置会社の株主が議案要領通知請求権（会社法第305条第1項）を行使する場合に、同一の株主総会に提案することができる議案の数の上限を　　　　　　　に制限することとされた。

〔解答群〕

ア　3

イ　5

ウ　7

エ　10

| 解答 | エ |
|------|-----|

## ■ 解説

第3問は、株主総会における株主提案権の問題である。

会社が招集する株主総会において、株主は、一定の事項を株主総会の会議の目的（これを「議題」という。「取締役選任の件」など）とすることを請求できる（議題提案権、会社法303条1項）。また、議題に対する案（これを「議案」という。「Aを取締役に選任する」など）を提出することもできる（議案提案権、会社法304条本文）。「議案提案権」には、「株主総会における議案提案権」と「議案要領通知請求権」（会社法305条1項本文）があり、前者は株主総会の場において議案を提案する権利、後者は株主が提出しようとする議案の要領を事前に他の株主に通知するよう取締役に請求することのできる権利である。

株主提案権は、株主が自らの意思を株主総会に訴えることのできる権利を保障することにより開かれた株式会社を実現しようとする趣旨のもと導入された制度であるが、近年、1人の株主により膨大な数の議案が提案されることにより実質的に株主総会が妨害されるという事態が発生していた（興味のある方は「野村ホールディングス 株主提案」等で検索してほしい）。

そこで、令和元年改正により、濫用的な株主提案を防止するため、取締役会設置会社の株主が議案要領通知請求により提案できる議案数は10個に制限された（会社法305条4項前段）。なお、個数制限されたのは「議案要領通知請求権」であり、「議題提案権」や「株主総会における議案提案権」は個数制限されていない（もちろん、各提案を行うための要件は従来より定められており、無制限に提案できるものではない）。

以上より、エが正解である。

なお、制限された個数そのものを問うている点はやや細かいと思われるが、法改正のあったポイントは頻出であるし、診断士として中小企業の社長にアドバイスするうえでも株主対策の知識は必須である。しっかりと押さえておきたい。

# 特許法

## ■令和4年度　第9問

特許法に関する記述として、最も適切なものはどれか。

ア　専用実施権者は、自己の専用実施権を侵害する者又は侵害するおそれがある者に対して、その侵害の停止又は予防を請求することができない。

イ　特許権が共有に係るときは、各共有者は、契約で別段の定をした場合を除き、他の共有者の同意を得ないでその特許発明の実施をすることができる。

ウ　特許権者がその特許権について、専用実施権を設定し、その専用実施権の登録がなされた場合、当該設定行為で定めた範囲内において、特許権者と専用実施権者とは、業としてその特許発明の実施をする権利を共有する。

エ　未成年者は特許を受ける権利の権利主体となることができない。

| 解答 | イ |
|---|---|

## ■ 解説

特許法に関する理解を問う問題である。

ア：不適切である。専用実施権とは、特許発明の実施をする権利を専有する権利のことである（特許法77条2項）。通常実施権と異なり、専用実施権者のみが実施をすることができる（たとえ特許権者であっても実施することができなくなる）強い権利である。

専用実施権者は、特許権者と同様、権利侵害者（または権利侵害するおそれがある者）に対し、その侵害の停止または予防を請求することができる（特許法100条1項）。

イ：最も適切である。特許権が共有の場合は、各共有者は、原則として他の共有者の同意を得ないでその特許発明の実施をすることができる（特許法73条2項）。なお、持分譲渡や専用・通常実施権の許諾は、他の共有者の同意を得なければ行うことができない（同条1項、3項）。

ウ：不適切である。上記のとおり、専用実施権が定められた場合には、特許権者も特許発明の実施をすることはできない。

エ：不適切である。特許を受ける権利の権利主体については成年・未成年の区別はなく、未成年者でも権利主体となることが可能である。もっとも、出願などの手続については原則として法定代理人が行う必要がある（特許法7条1項）。

以上より、イが正解である。

# 実用新案法

## ■令和4年度　第12問

　実用新案法に関する記述として、最も適切なものはどれか。

ア　実用新案権の存続期間は、実用新案登録の日から10年をもって終了する。

イ　実用新案登録出願の願書には、明細書、実用新案登録請求の範囲、図面及び要約書を添付しなければならない。

ウ　実用新案法は、物品の形状と模様の結合に係る考案のみを保護している。

エ　他人の実用新案権を侵害した者は、その侵害の行為について過失があったものと推定される。

| 解答 | イ |
|---|---|

## ■ 解説

　実用新案法に関する理解を問う問題である。

ア：不適切である。実用新案権の存続期間は、実用新案登録「出願」の日から
　　10年である（実用新案法15条）。「登録」の日からではない。

イ：最も適切である（実用新案法5条2項）。

ウ：不適切である。実用新案法の保護対象は、「物品の形状、構造又は組み合
　　わせに係る考案」とされている（実用新案法1条）。「物品の形状、模様の
　　結合」は意匠法の保護対象に関する記述である。

エ：不適切である。特許権については、侵害行為を行った者の過失を推定する
　　規定がある（特許法103条）が、実用新案権については過失推定の規定は
　　ない。

　以上より、イが正解である。

## ■令和４年度　第13問

　以下の会話は、X株式会社を経営する甲氏と、中小企業診断士であるあなたとの間で行われたものである。この会話の中の空欄AとBに入る期間と記述の組み合わせとして、最も適切なものを下記の解答群から選べ。

　なお、会話の中で「マドプロ出願」とは「マドリッド協定議定書（マドリッドプロトコル）に基づく国際登録出願」を指すものとする。

甲　氏：「うちの会社の文房具は外国の方にも好まれるようで、海外でも販売していくことを計画しています。この文房具の名前を日本で商標登録出願したばかりであり、同じ商標を海外でも商標登録しておきたいのですが、どのような方法がありますか。」

あなた：「その日本の商標登録出願を基礎として、優先期間内にパリ条約による優先権を主張して外国に出願する方法があります。商標の場合、優先期間は　　　Ａ　　　です。優先権を主張した出願は、日本の出願時に出願されたものとして登録要件を判断される、という利点があります。しかし、パリ条約による優先権を主張して出願するには、国ごとの出願手続が必要です。」

甲　氏：「うちの会社が出願したいのは、１か国や２か国ではなく、より多くの国々です。」

あなた：「多数の国に一括して出願できるマドプロ出願という制度があります。これは日本の特許庁に出願できます。」

甲　氏：「日本での商標登録出願をしたばかりなのですが、この登録を待ってからマドプロ出願をすることになりますか。」

あなた：「　　　　　Ｂ　　　　　。」

〔解答群〕

ア　A：6か月

　　B：日本の商標登録出願を基礎として、マドプロ出願ができます

イ　A：6か月

　　B：日本で商標登録出願をしただけでは、マドプロ出願をすることはできません。基礎となる商標が登録されるまで待つ必要があります

ウ　A：12か月

　　B：日本の商標登録出願を基礎として、マドプロ出願ができます

エ　A：12か月

　　B：日本で商標登録出願をしただけでは、マドプロ出願をすることはできません。基礎となる商標が登録されるまで待つ必要があります

| 解答 | ア |
|------|---|

## ■ 解説

　商標権に関する国際条約の理解を問う問題である。

　空欄Aは、パリ条約による優先権についてである。パリ条約による優先権とは、パリ条約の加盟国（第一国）において出願した者が、その出願の出願書類に記載された内容について他のパリ条約の同盟国（第二国）に出願する場合に、第一国における出願日に出願されたのと同様の取扱いを受ける権利である。優先権を受けることのできる優先期間は、特許出願では12か月、商標出願では6か月である。

　空欄Bは、マドリッド協定議定書に基づく国際登録出願（マドプロ出願）についてである。マドリッド協定議定書は、国際事務局への国際出願を出願者の本国官庁を通じて行えるようにすること等を通じて、国際的な商標の保護を図った条約である。マドプロ出願は、本国官庁における商標出願または商標登録を基礎にして行うことが可能である。

　以上より、正しい記述の組み合わせであるアが正解である。

# 英文契約書（売買契約の補償）

頻出度
A

➡ p.153

## ■令和4年度　第17問（設問1）

　以下の会話は、X株式会社の代表取締役甲氏と、中小企業診断士であるあなたとの間で行われたものである。この会話に基づき下記の設問に答えよ。

甲　氏：「弊社は、Y社から商品を輸入し、国内で販売しようと考えています。それに当たって、Y社から届いた契約書案を検討しているのですが、以下の規定の中で、弊社にとって不利な箇所はありませんでしょうか。
9. Seller warrants to Buyer that the Goods purchased by Buyer from Seller shall be free from defects in raw material and workmanship.
Buyer shall indemnify and hold Seller harmless from and against any and all liabilities, damages, claims, causes of action, losses, costs and expenses (including attorneys'fees)
of any kind, royalties and license fees arising from or for infringement of any patent by reason of any sale or use of the Goods.
10. If Buyer terminates this Agreement and Seller has procured raw material for such releases occurring after the termination date in accordance with Buyer's product releases, Buyer shall purchase such raw material from Seller at a price determined by Seller.」

あなた：「9条は、[　　A　　]という点で、10条は、御社が本契約を解除した一方で、売主が契約終了日以降の御社の製品発売に合わせて、原材料を調達していた場合に、[　　B　　]という点で、それぞれ御社にとって、不利な条項となっています。」

甲　氏：「ありがとうございます。その点については、Y社と交渉しようと思います。また、Y社からは、日本での商品の小売価格につき、Y社が決めたものに従っていただきたいと言われています。」

あなた：「その点も含めて、知り合いの弁護士を紹介しますので、相談に行きませんか。」

甲　氏：「ぜひよろしくお願いします。」


（設問1）

　会話の中の空欄AとBに入る記述の組み合わせとして、最も適切なものはどれか。

ア　A：商品につき、売主が何らの保証もしない
　　B：売主が決めた価格で売主から当該原材料を購入する

イ　A：商品につき、売主が何らの保証もしない
　　B：当該原材料がすべて消費できるまで、売主から製品を購入する

ウ　A：商品に特許侵害があった場合、御社が責任を負う
　　B：売主が決めた価格で売主から当該原材料を購入する

エ　A：商品に特許侵害があった場合、御社が責任を負う
　　B：当該原材料がすべて消費できるまで、売主から製品を購入する

| 解答 | ウ |
|------|-----|

## ■ 解説

国際売買契約における英文契約書の理解を問う問題である。

空欄Aでは、契約書9条の意味が問われている。9条は、「売主（Y社）は、買主（X社）が売主から購入した商品に原材料や製造上の欠陥が無いことを買主に保証する。買主は、売主に対して、商品の販売または使用に起因する特許権侵害から生じるあらゆる種類の責任、損害、請求、訴訟原因、損失、費用、経費（弁護士費用を含む）、ロイヤルティおよびライセンス料から、売主を免責する。」という趣旨の条文であり、商品に欠陥が無いことは保証する一方で、商品に特許侵害があった場合には売主が免責される（買主のみが責任を負う）こととなっている。

空欄Bでは、契約書10条の意味が問われている。10条は、「買主が本契約を解除し、かつ解除日以降の買主の製品販売に合わせて売主が原材料を調達していた場合、買主は、売主の定める価格で、売主より当該原材料を購入する。」という趣旨の条文である。

以上より、正しい記述の組み合わせであるウが正解である。

上記は正攻法の解き方であり、実際には英文の読解ができない場合も多いと思われる。このような場合、たとえば空欄Aについては選択肢より「売主が保証しない」か「特許侵害について買主（御社）が責任を負う」かのどちらかであるところ、9条の2文目には「royalties」「license fees」「patent」といった単語があり、「hold Seller harmless」（直訳で、「売主を無害な状態に保つ」）であることから「売主は特許に関して責任を負わないのだろう」と推測する、といった解き方が考えられる。

本試験は1問が合否を左右するため、答えがわからない場合でも諦めずに正答率を上げる試みを行ってほしい。

# 保証契約

頻出度 **A**

➡ p.142

## ■令和4年度　第19問

　保証に関する記述として、最も適切なものはどれか。なお、別段の意思表示はないものとする。

ア　事業のために負担した借入金を主たる債務とし、法人を保証人とする保証契約は、その契約に先立ち、その締結の日前1か月以内に作成された公正証書で当該法人が保証債務を履行する意思を表示していなければ、その効力を生じない。

イ　主たる債務者が死亡して相続人が限定承認した場合でも、保証人は主たる債務の全額について保証債務を履行しなければならない。

ウ　保証契約がインターネットを利用した電子商取引等において、電磁的記録によってされただけでは有効とはならず、電子署名が付される必要がある。

エ　保証契約締結後、主たる債務者が保証人の承諾なく、主たる債務の債務額を増額する合意をした場合、保証債務の債務額も増額される。

## ■ 解説

保証契約に関する理解を問う問題である。

ア：不適切である。事業のために負担した借入金を主債務とする保証契約を「個人が」締結する場合には、締結日前1か月以内に作成された公正証書で当該個人が保証債務を履行する意思を表示していなければ、その効力を生じない（民法456条の6第1項）。しかし、法人が保証人となる場合は、適用されない（同3項）。

イ：最も適切である。主債務と保証債務は別個の債務であり、相続人の限定承認によって主債務が減額等される場合であっても、保証人は主債務の全額について支払う責任を負う。言い換えれば、保証債務とは主債務がそのように減額されたり、主債務者が破産したり等して主債務が十分に回収できない場合のための債務なのである。

ウ：不適切である。保証契約は書面で行う必要があるが（民法446条2項）、電磁的記録によってされたときは書面によってされたものとみなされ（同3項）、電子署名を付すことは要件とされていない。

エ：不適切である。保証契約締結後に主債務が増額された場合であっても、保証人の負担は加重されない（民法448条2項）。保証人が責任を負うのは、あくまでも保証契約時点での主債務の範囲に限られる。

以上より、イが正解である。

# I

# 事業開始、会社設立及び倒産等に関する知識

| 第1章 | 事業の開始 |
|---|---|
| 第2章 | 組織再編 |
| 第3章 | 倒産等 |

# 論点1　個人と法人の違い、法人の種類

事業開始にあたって、事業の形態（個人か法人か）を決める必要がある。
それぞれのメリット・デメリットを理解し、事業の業種、業態・規模など
に適した形態を選択する必要がある。

## 1 個人事業と法人事業の違い

　個人事業では、事業主個人が主体となって事業を行い、その全責任を負う。
法人とは、人間以外（人や財産の集合体）が法律上の権利義務の主体となるこ
とを認められたものであり、個人とは別の人格となる。このため、法人事業で
生じた責任は事業主個人とは切り離され、法人自体が負う。

　法人は事業展開のツールとして、必要に応じて設立する。まず個人事業で始
め、軌道に乗ってから法人にするのも1つの方法である。ただし、法令で「許
認可を受けられる事業者は法人のみ」と定められている場合や、顧客として自
治体・大手企業を想定する場合などは、最初から法人にするのが適切である。

### 【 個人事業と法人（株式会社）の比較 】

| 項　目 | 個人事業 | 法人（会社） |
|---|---|---|
| 設立手続 | 手続は必要なく、諸官庁へ届出をするのみ。 | 法律に基づく設立手続が必要で、費用もかかる。 |
| 事業の内容 | 原則としてどのような事業でもよく、変更は自由。 | 定款に記載した内容の事業だけできる。 |
| 社会的信用 | 法人に比べて低い。 | 一般的に個人に比べて高い。大きな取引や従業員募集の面で有利。 |
| 代表者の責任範囲 | 個人が全責任を負う（無限責任）。業績が悪化して倒産した場合、債務の全額を債権者に返済する責任がある。 | 出資者は出資分を限度に責任を負う（有限責任）。ただし、借入等では代表者個人の連帯保証を求められる場合が多い。 |
| 経理 | 青色申告の場合でも簡易帳簿でよい。 | 複式簿記による記帳が義務付けられる。 |
| 税金 | 所得税は超過累進課税。課税所得の額によって税率が変わる。 | 法人税は定率。中小企業では、課税所得800万円以下の部分は15％、800万円を超える部分は23.2％（令和4年4月1日現在） |

| | | |
|---|---|---|
| 社会保険 | 事業主は旧政府管掌の健康保険にも厚生年金にも加入できない（国民健康保険・国民年金に加入する）。 | 社会保険（健康保険・厚生年金保険）への加入が必要。会社が加入すれば、役員も旧政府管掌の健康保険と厚生年金に加入できる。 |
| 事業主の報酬 | 事業利益が事業主の報酬となる。 | 役員報酬として受け取る。 |

## ❷ 法人の種類

公的法人（国・地方自治体・独立行政法人など）を除くと、法人は大きく「非営利法人」と「営利法人」の2種類に分かれる。

### 【 法人の種類 】

| 種　類 | 特　色 | 例 |
|---|---|---|
| 非営利法人 | 営利を目的とせず、利益の分配は不可 | 一般社団法人・一般財団法人、社会福祉法人、特定非営利活動法人（NPO法人）、生活協同組合、農業協同組合など |
| 営利法人 | 営利を目的とし、利益の分配が可能 | 株式会社、合同会社（LLC）、合名会社、合資会社 |

非営利法人の「非営利」とは、無償で活動することではなく、「得られた利益を社員や株主に分配しないこと」を指す。非営利目的の事業により収入を得て、安定して社会に存続していくことが求められ、そのために人を雇うことも可能である。非営利法人の利益は、翌年度の活動予算として使用する。

営利を目的とする、つまり得られた利益を社員や株主に分配できる営利法人の中で、最も多く用いられるのは株式会社である。現行の会社法では、最低資本金規制の撤廃、株式会社の機関（運営する組織・役職）設計の柔軟化など、小規模な事業でも株式会社化しやすいように環境が整備された。

### 追加 ポイント

〈特例有限会社〉
・平成17年に成立した会社法施行時に有限会社法が廃止され、有限会社の新設はできなくなった。
・それまでの有限会社は、株式会社の一種である「特例有限会社」として存在し、商号に「有限会社」を含めることが義務付けられている。
・定款の変更により通常の株式会社への変更が可能である。

過去問　過去5年間での出題はない。

ポイント

代表的な営利法人である株式会社について、設立手続を頭に入れておきたい。特に現物出資は、小規模企業でよく利用され、本試験に出題されることもあるため、検査役による調査が不要な範囲を正確に押さえる必要がある。

## 1 株式会社設立の流れ

まず、設立の主体となる「発起人」が、会社の基本事項を決め、それを「定款」という規則にまとめる。この定款に公証役場で認証を受けてから、金融機関で資本金を払い込み、登記所で登記をすれば設立が完了する。

**【 株式会社設立の流れ 】**

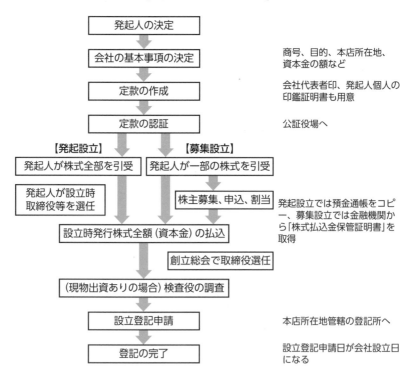

発起人の決定

会社の基本事項の決定 — 商号、目的、本店所在地、資本金の額など

定款の作成 — 会社代表者印、発起人個人の印鑑証明書も用意

定款の認証 — 公証役場へ

【発起設立】
発起人が株式全部を引受

【募集設立】
発起人が一部の株式を引受

発起人が設立時取締役等を選任

株主募集、申込、割当 — 発起設立では預金通帳をコピー、募集設立では金融機関から「株式払込金保管証明書」を取得

設立時発行株式全額（資本金）の払込

創立総会で取締役選任

（現物出資ありの場合）検査役の調査

設立登記申請 — 本店所在地管轄の登記所へ

登記の完了 — 設立登記申請日が会社設立日になる

## ② 現物出資

　現物出資とは、金銭以外の財産（事業用財産や在庫など）による出資のことである。現物出資には、現物出資財産の過大評価により、会社の財産的基盤を危うくし、かつ金銭出資をした株主との不公平を生じるおそれがある。このため、会社の原始定款に現物出資の内容を記載し（会社法28条）、発起人は公証人による定款認証後遅滞なく、当該事項を調査させるため、裁判所に対して検査役の選任の申立てをしなければならない（会社法33条1項）。

　この検査役の調査については、例外的に免除される場合がある（会社法33条10項各号）。

### 【 現物出資で検査役の調査が免除される場合 】

| 種　類 | 注意点 |
|---|---|
| (1) 現物出資の対象財産の価額が500万円を超えない場合 | 下記(2)または(3)により検査役の調査が免除される部分を含めて計算する。 |
| (2) 対象財産が市場価格のある有価証券で、定款記載の金額が市場価格を超えない場合 | 「定款の認証の日における最終市場価格、又は公開買付け等に係る契約における価格のうちいずれか高い額」による（会社法施行規則第6条）。 |
| (3) 現物出資財産の価額について、弁護士・公認会計士・監査法人・税理士等の証明を受けた場合 | 不動産の場合はさらに不動産鑑定士の鑑定評価も必要。 |

### 追加 ポイント

〈変態設立事項〉
上述の現物出資は、変態設立事項（設立の際に会社の財産的基礎を危うくする可能性のある事項）の1つである。他の変態設立事項として、①財産引受（会社の成立を条件として、会社が特定の財産を譲り受ける旨を契約すること）、②発起人が受ける報酬その他の特別利益、③会社の負担になる設立費用の3つがある。いずれも現物出資と同様、原始定款に記載しまたは記録しなければ、会社に対して効力を生じないとされる（会社法28条）。

過去問
令和5年度　第5問（設問1）　株式会社の設立
令和5年度　第5問（設問2）　株式会社の設立
令和4年度　第6問（設問2）　株式会社の設立
令和2年度　第2問　株式会社の設立

## B　論点3　株式会社以外の法人

### ポイント

株式会社以外の営利法人として、合資会社、合名会社、合同会社があり、これらを総称して「持分会社」という。
法人格がなく合同会社に近い形態として「有限責任事業組合 (LLP)」がある。
非営利目的で社会貢献活動や慈善活動を行う市民団体は、法人格を取得して「特定非営利活動法人 (NPO法人)」となり得る場合がある。

### ❶ 持分会社（合名会社、合資会社、合同会社）

　株式会社以外の営利法人として、合名会社、合資会社、合同会社の3種類がある。これらは、社員としての地位が、流通を前提とする株式ではなく、流通を前提としない持分から構成されるため、総称して「持分会社」という。

　持分会社はいずれも、少数の仲間の集まりで運営するのに適するが、社員の責任の態様に違いがある。合名会社は無限責任社員、合資会社は無限責任社員と有限責任社員の両方、合同会社は有限責任社員により、それぞれ構成される。

### 【 各種の会社の比較 】

| | 株式会社 | 合名会社 | 合資会社 | 合同会社 |
|---|---|---|---|---|
| 出資者の責任 | 間接有限責任 | 無限責任 | 直接有限責任<br>または無限責任 | 間接有限責任 |
| 設立時の最低社員（出資者）数 | 1名 | 1名 | 2名 | 1名 |
| 定款認証 | 必要 | 不要 | | |
| 業務執行権<br>代　表　権 | 取締役（取締役会非設置会社）<br>代表取締役（取締役会設置会社） | 原則として全社員<br>（定款で一部の社員のみとすることは可能） | | |
| 取締役・業務執行社員の任期 | 原則として2年（非公開会社は最長10年） | 制限なし | | |
| 最高意思決定機関 | 株主総会 | 原則として社員の過半数 | | |

| 利益・権限 | 出資額に比例 | 決め方は自由 |
| 決算公告 | 必要 | 不要 |

## ② 有限責任事業組合 (LLP)

　組合とは、金銭・物・労務などを出資しあって共同事業を営む組織形態である。有限責任事業組合は平成17年に創設された事業形態で、自由かつ迅速な意思決定により共同事業を営むのに適する。特長として、①有限責任、②利益や権限の決め方が自由、③取締役会や監査役などの監視機関が不要、④組合ではなく出資者に直接課税される（パススルー課税）、が挙げられる。

　反面、①法人格がない（銀行口座名義などには組合員個人名の付記が必要）、②会社への組織変更ができない（いったん解散しなければならない）などのデメリットもある。

## ③ 特定非営利活動法人 (NPO法人)

　非営利目的で社会貢献活動や慈善活動を行う市民団体（NPO）のうち、「特定非営利活動促進法」により法人格を得た団体である。特長として、①法人格があるため法人名義で不動産や銀行口座を取得できる、②収益事業以外の事業による所得に法人税が課されない、が挙げられる。

　反面、①常に社員が10名以上必要、②着手から設立までに数ヵ月かかる、③設立後は事業年度ごとに書類を作成して所轄官庁へ活動報告をする必要があるなどのデメリットもある。

### 追加 ポイント

〈一般社団法人・一般財団法人〉
従来、社団法人・財団法人は、公益目的の場合にのみ認められた。平成20年施行の「一般社団・財団法人法」により、公益目的でなくとも非営利目的であれば、一般社団法人・一般財団法人を設立できるようになった。さらに「公益法人認定法」に従って公益性の認定を受け、「公益社団法人」・「公益財団法人」となることによって、税制上の優遇措置などを受けることができる。

過去問
令和4年度　第4問　株式会社と合同会社の比較
令和元年度　第1問　合同会社、合名会社、合資会社の比較

## 論点4　事業の開始に関する届出

ポイント

事業の開始にあたっては、個人と法人とを問わず、税金関係の届出を行わなければならない。また、従業員を雇用する場合には、労働保険や社会保険の手続も必要である。

### 1 税金関係の届出

　事業の開始にあたっては、税金関係の届出を行わなければならない。この届出の種類は、事業形態が個人か法人か、また税務申告の方法によって異なる。

【 税金関係の届出 】

| | 届出先 | 届出の名称 | 提出期限 |
|---|---|---|---|
| 個人 | 税務署 | 開業届出書 | 開業の日から1ヵ月以内 |
| | | 給与支払事務所等の開設届出書 | 給与支払事務所等を設けた日から1ヵ月以内 |
| | | 棚卸資産の評価方法の届出書 | 開業した日の属する年分の確定申告の提出期限まで |
| | | 減価償却資産の償却方法の届出書 | 開業した日の属する年分の確定申告の提出期限まで |
| | | 青色申告の承認申請書（青色申告したい場合） | 開業の日から2ヵ月以内 |
| | 都道府県税事務所 | 事業開始等申告書 | 自治体の定める期間内 |
| | 市区町村役所 | 事業開始等届出書 | 自治体の定める期間内 |
| 法人 | 税務署 | 法人設立届出書 | 設立の日から2ヵ月以内 |
| | | 給与支払事務所等の開設届出書 | 給与支払事務所等を設けた日から1ヵ月以内 |
| | | 棚卸資産の評価方法の届出書 | 設立第1期の確定申告の提出期限まで |
| | | 減価償却資産の償却方法の届出書 | 設立第1期の確定申告の提出期限まで |
| | | 青色申告の承認申請書（青色申告したい場合） | 設立3ヵ月を経過した日と最初の事業年度終了日のうち、いずれか早い日の前日 |
| | 都道府県税事務所 | 事業開始等申告書 | 自治体の定める期間内 |
| | 市区町村役所 | 事業開始等申告書 | 自治体の定める期間内 |

図表中の「青色申告」とは、納税者自身が帳簿に基づいて所得や税金を計算し、申告する制度である。個人では、①所得金額から最高65万円が控除される、②事業に専ら従事する親族の給与を経費にできる、③純損失を翌年以降最長3年間繰越できるなどのメリットがある。法人では、①欠損金を翌期以降最長10年間\*繰越できる、②一定の設備投資などについて特別償却・特別控除が認められる、③少額資産の取得価額の損金算入の特例などのメリットがある。
\*平成30年4月1日以前に開始した事業年度の欠損金額の繰越期間は9年

## ❷ 労働保険・社会保険関係の届出

　労働保険・社会保険についても、事業形態が個人か法人か、従業員を雇用するか否かにより内容が異なる。

【 労働保険・社会保険関係の届出 】

| 届出先 | 届出の名称 | 要否・提出期限 |
|---|---|---|
| 労働基準監督署 | 労災保険<br>①保険関係成立届<br>②適用事業報告書 | ・適用事業所は雇用保険と同じ<br>・従業員を10名以上雇用する場合は「就業規則」の届出も必要<br>・①は保険関係成立後10日以内、②は事業開始後遅滞なく提出 |
| 公共職業安定所<br>（ハローワーク） | 雇用保険<br>①適用事業所設置届<br>②被保険者資格取得届 | ・個人、法人とも従業員を雇用すると適用事業所となる。<br>・①は事業所開設後10日以内、②は雇用した翌月の10日までに提出 |
| 年金事務所 | 健康保険・厚生年金保険<br>①新規適用届<br>②新規適用事業所現況書<br>③被保険者資格取得届<br>④被扶養者（異動）届<br>⑤国民年金第3号被保険者関係届 | ・法人の事業所はすべて加入<br>・個人の場合、従業員5人以上は原則加入（飲食・娯楽・サービス業等は任意加入）、5人未満は任意加入<br>・①〜⑤の届出は事業開始後5日以内に提出 |

追加 ポイント

〈許認可・届出〉
事業の種類によっては、法令により許認可・届出が必要である。飲食業等では保健所、古物商等では警察署などと、窓口の官公庁が決められている。

過去問　過去5年間での出題はない。

# A　論点5　組織再編の全体像

### ポイント

新規事業や市場への参入、企業グループ再編による経営効率化、業務提携、経営不振企業の救済などを目的として、組織再編 (いわゆるM＆A) が行われる。日本では会社法施行以前、合併や事業譲渡などのみが認められた。経済のグローバル化という環境変化を受けて、合併や事業譲渡については要件が緩和され、さらに株式交換・株式移転、会社分割の制度が新設された。

## 1 合併

2つ以上の会社が契約により合体して1つの会社になる手法である。既存の会社のいずれかを存続会社とし、その他の会社を消滅会社とする「吸収合併」と、既存の会社をすべて消滅させ、新会社を設立して消滅した会社の権利義務を引き継ぐ「新設合併」がある。

## 2 事業譲渡

契約により、会社の事業の全部または一部を他の会社に移転する手法である。事業の分離という点において後述の会社分割と類似し、また事業の全部を譲渡する場合には合併と類似する。しかし、会社分割や合併では、自然人における相続のように権利義務を包括的に承継するのに対し、事業譲渡は契約に基づく取引行為である。

## 3 会社分割

1つの会社がその事業の全部または一部を他の会社に包括的に承継させ、会社を複数に分割する手法である。既存の会社に事業を承継させる「吸収分割」と、新設した会社に事業を承継させる「新設分割」がある。

## 4 株式交換・株式移転

株式交換は、完全子会社となる会社の株主が保有するすべての株式と完全親会社となる既存会社が発行する株式や金銭等とを交換し、完全親子関係を構築する手法である。

株式移転は、単独あるいは複数の完全子会社となる会社の株主が保有する会社の株式を完全親会社となる新設会社に移転し、その代わりに完全親会社の発行する株式を割り当て、持株会社を構築する手法である。

## ⑤ 各制度の比較

これらの組織再編手法の異同をまとめると、下表のようになる。

【 各種の組織再編手法の比較 】

| 項目 | 合併 | | 事業譲渡 | 会社分割 | | 株式交換 | 株式移転 |
|---|---|---|---|---|---|---|---|
| | 吸収合併 | 新設合併 | | 吸収分割 | 新設分割 | | |
| 事前及び事後の書面備置 | 必要 | | 不要 | 必要 | | 必要 | |
| 株主総会の特別決議 | 原則として必要 | | 一定の場合必要 | 原則として必要 | | 原則として必要 | |
| 反対株主の株式買取請求権 | 原則としてあり | | 原則としてあり | 原則としてあり | | 原則としてあり | |
| 債権者保護手続 | 必要 | | 不要(個別の同意は必要) | 必要(分割後も分割会社に債権を有する債権者には不要) | | 不要(対価が株式でない場合は必要) | |
| 効力発生の時期 | 契約で定めた日 | 新設会社成立の日 | 契約で定めた日 | 契約で定めた日 | 新設会社成立の日 | 契約で定めた日 | 新設親会社成立の日 |
| 簡易再編 | 存続会社 | なし | 譲渡会社譲受会社 | 分割会社承継会社 | 分割会社 | 完全親会社 | なし |
| 略式再編 | あり | なし | あり | あり | なし | あり | なし |
| 労働契約の承継 | 当然に承継 | | 個別の同意が必要 | 労働契約承継法による | | 規定なし(株主が変わるだけ) | |

〈持分会社と組織再編〉
・株式会社と持分会社の合併で持分会社を存続・新設会社にすることができる。
・株式交換では、株式会社以外に合同会社も完全親会社になることができる（会
　社法767条）。
・持分会社では、定款に別段の定めがある場合を除き、総社員の同意により組織
　再編の意思決定を行う。

〈株式交付〉
令和元年会社法改正により、新たに株式交付制度が設けられた。株式交付とは、
買収者（株式交付親会社）が対象会社（株式交付子会社）を子会社とするため、対
象会社の株主から対象会社の株式を譲り受けるとともに、その対価として、譲渡
人に対し買収者の株式を交付することである（会社法774条の2）。

過去問

令和5年度　第6問（設問1）　吸収合併と事業譲渡
令和5年度　第6問（設問2）　吸収合併と事業譲渡
令和4年度　第5問（設問1・2）　事業譲渡と会社分割の比較
令和2年度　第5問　株式会社の合併

中小企業診断協会が公表している令和6年度の「経営法務」の科目設置の目的と内容は、以下のとおりです（令和5年9月11日に変更を発表）。

## 科目設置の目的

創業者、中小企業経営者に助言を行う際に、企業経営に関係する法律、諸制度、手続等に関する実務的な知識を身につける必要がある。また、さらに専門的な内容に関しては、経営支援において必要に応じて弁護士等の有資格者を活用することが想定されることから、有資格者に橋渡しするための最低限の実務知識を有していることが求められる。このため、企業の経営に関する法務について、以下の内容を中心に基本的な知識を判定する。

## 内　容

### 1．事業開始、会社設立及び倒産等に関する知識

事業の開始（個人の事業開始（個人事業の特徴、開業までの準備）、法人の事業開始（法人の種類、会社の設立と登記、組合の設立と登記））、届出・手続等（許認可・届出が必要な事業、労働保険・社会保険の届出、税務上の届出（個人事業の開廃業等届出書、給与支払事業所等の開設届出書、所得税の青色申告の承認申請書、棚卸資産の評価方法・減価償却資産の償却方法 等））、合併等の手続（合併・営業譲渡等の手続、組織変更手続（個人→法人、組合→会社））、倒産等の手続（倒産等に関する法律に基づく手続（会社更生法、民事再生法、会社法（会社の解散、清算、特別清算）））、その他

### 2．知的財産権に関する知識

産業財産権（工業所有権）の内容と取得方法（特許権、商標権、意匠権、実用新案権）、著作権の内容（著作権等の種類と内容（著作者人格権、著作権、著作隣接権）、著作権の成立と保護（成立、保護期間、著作権侵害に対する措置））、知的財産権に関する契約等（産業財産権（工業所有権）に関する契約（移転契約、ライセンス契約）、著作権等に関する契約（音楽・キャラクター等のライセンス契約、ソフトウェアのライセンス契約 等）、トレードシークレットに関する知識）、知的財産権に関する国際条約（特許権に関する条約、商標権に関する条約、著作権に関する条約）、その他

### 3．取引関係に関する法務知識

契約に関する基礎知識（契約の成立要件（当事者、目的、意思表示）、契約の有効要件、外国企業との取引に関する法律知識、英文契約に関する知識）、契約の類型と内容（秘密保持契約、共同開発契約、売買契約（動産、不動産、有価証券、貿易（CIF、FOB等）））、販売店契約、事業提携契約、フランチャイズ契約、事業買収契約、合弁契約）、紛争解決方法の基礎知識（訴訟、仲裁、調停、仲裁判断の執行に関する国際条約）、その他

（以下、p.107につづく）

# B 論点6 合併の意義、特徴、手続

## ポイント

合併は、自然人でいう相続と同様に包括的承継である。合併には吸収・新設の2種類があり、それぞれ当事会社の株主や債権者を保護するための手続が定められている。

## 1 合併とは

2つ以上の会社が契約により合体して1つの会社になる手法である。既存の会社のいずれかを存続会社とし、その他の会社を消滅会社とする「吸収合併」と、既存の会社をすべて消滅させ、新会社を設立して消滅した会社の権利義務を引き継ぐ「新設合併」がある。

### 【 吸収合併 】

A社 (存続会社) がB社 (消滅会社) を吸収する場合

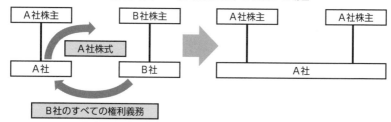

### 【 新設合併 】

C社 (新設会社) がA社・B社 (消滅会社) を吸収する場合

## 2 合併のメリット・デメリット

合併には、企業規模が拡大しスケールメリットが得られるなどのメリットがある。反面、会社の権利義務全部を引き継ぐため、不要な事業や負債 (特に簿外債務) をも引き継ぐなどのデメリットがある。

## 🔳 合併の手続

合併の手続は、概ね以下の順に進められる。

| | 吸収合併 | 新設合併 |
|---|---|---|
| ① | 合併当事会社間の秘密保持契約の締結 | |
| ② | デューデリジェンス（企業の価値評価）、合併比率等の基本合意 | |
| ③ | 当事会社双方における取締役会の承認 | |
| ④ | 合併契約（会社法749条） | 合併契約（会社法753条） |
| ⑤ | 合併契約書等の備置き・閲覧（事前開示）<br>（会社法782条、794条） | 合併契約書等の備置き・閲覧（事前開示）<br>（会社法803条） |
| ⑥ | 株主総会の特別決議による承認<br>（会社法783条、795条） | 株主総会の特別決議による承認<br>（会社法804条） |
| ⑦ | 反対株主への株式買取請求の通知<br>または公告（会社法785条、797条） | 反対株主への株式買取請求の通知<br>または公告（会社法806条） |
| ⑧ | 債権者保護手続<br>（会社法789条、799条） | 債権者保護手続（会社法810条） |
| ⑨ | 合併の効力発生（会社法750条）<br>※合併契約で定めた日に効力が発生 | 登記申請（会社法922条）<br>※新会社の設立登記＋消滅会社の解散登記 |
| ⑩ | 登記申請（会社法921条）<br>※存続会社の変更届＋消滅会社の解散登記 | 合併の効力発生（会社法754条）<br>※新設会社の設立登記の日に効力が発生 |
| ⑪ | 事後開示（会社法801条） | 事後開示（会社法815条） |

## 🔳 合併に関する注意点

合併について、以下の点に注意が必要である。

① 消滅会社が債務超過であっても吸収合併ができる（以前は不可であった）。

② 株式会社どうしのほか、株式会社と持分会社、持分会社どうしも合併できる。

③ 相手の企業価値の算定方法には、類似業種比準方式・純資産方式・配当還元方式がある。

④ 許認可は公法上の権利関係であるため、原則として承継されない。

### 追加 ポイント

〈ほとんどは「吸収合併」〉
合併には2種類あるが、実際にはほとんどが吸収合併である。主な理由は、新設合併と比較して、①登録免許税が安いから（吸収合併は存続会社の資本金増加額の1000分の1.5、新設合併は新設会社の資本金の1000分の1.5）、②事業の円滑な継続ができるから（新設合併では通常許認可の再取得が必要になるが、設立前には申請ができない場合が多く、事業の円滑な継続ができない）である。

過去問
令和5年度　第6問（設問1・2）吸収合併と事業譲渡
令和2年度　第5問　株式会社の合併

# 論点7　対価の柔軟化と三角合併

ポイント

会社法では、合併等の組織再編行為の対価として消滅会社等の株主に交付する財産を存続会社等の株式に限定する制限が撤廃され、合併等の対価が柔軟化された（平成18年から施行）。このため、三角合併など柔軟な合併方法が認められることとなった。

## 1 対価の柔軟化

会社法施行以前は、合併等の組織再編行為の対価として消滅会社等の株主に交付する財産は、原則として存続会社等の株式に限定されていた。

会社法では、経済界からの「組織再編行為の対価の選択肢を増やしてほしい」という要望に応え、合併等の対価が柔軟化され、現金や親会社の株式等も対価として認められた。これにより、消滅会社の株主に金銭のみを交付する現金合併（キャッシュ・アウト・マージャー）や、消滅会社の株主に親会社の株式を交付する三角合併などが可能となった。

## 2 対価の柔軟化が認められる組織再編行為

吸収合併、吸収分割、株式交換の3態様において、「株式または持分に代わる金銭等」が対価として認められた。このため、金銭、新株予約権、社債（新株予約権付社債を含む）、金銭以外の財産、親会社・子会社・関連会社の株式なども対価とすることができる。

## 3 三角合併

三角合併とは、吸収合併などを行う際に、消滅会社の株主に対し、存続会社などの親会社の株式を対価として交付する場合を指す。

会社法は、子会社が親会社の株式を取得することを原則として禁止しているが（会社法135条）、三角合併においては、合併の効力発生日までの間、例外的に親会社株式を取得することが認められる（会社法800条）。

なお、「三角合併」という名称ではあるが、親会社となるべき会社は合併の主体とはならないので、誤解しないよう注意したい。（次ページの図でいえば、合併の当事会社はB社とC社である。）

## 【 三角合併 】

A社 (持株会社) が完全親子関係を維持しつつC社 (消滅会社) を吸収する場合

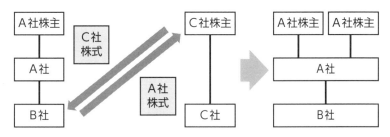

　存続会社の親会社が日本法人であれば、会社法の制定以前から、合併と同時に株式交換を行うことにより、三角合併と同様のことはできた。三角合併が認められたことにより、存続会社の親会社が外国法人の場合でも、日本企業である子会社との合併により日本企業を買収できることになった点が大きな変化である。実際には以下の流れで買収が行われる。

① 外国企業が出資して、日本子会社を設立する。

② 日本子会社が、被買収企業 (日本企業) を吸収合併する。

③ ②の際に、被買収企業の株主に、親会社である外国企業の株式を対価として支払う。

### 追加 ポイント

〈株式交付制度の創設〉
令和元年会社法改正により、新たに「株式交付制度」が創設されることとなった (令和3年3月1日施行)。買収会社の株式を対価とする買収を行おうとする場合、従来は、①株式交換制度を用いるか、②被買収会社の株式を現物出資財産としその対価として新たな株式を発行するというスキームを用いる必要があった。しかしながら、①株式交換は被買収会社を完全子会社化する場合しか使用できず、②のスキームは原則として検査役調査が必要である (会社法207条)、被買収会社の株主等が財産価額填補責任を負う可能性がある (同212条、213条)、といった問題点があった。「株式交付制度」の導入により、完全子会社とまではしない場合 (「子会社」にとどまる場合) にも買収会社の株式を対価とする買収が可能となる。また、検査役調査も不要となり、財産価額填補責任も発生しない。

### 過去問

令和2年度 第5問 株式会社の合併

# A 論点8 事業譲渡の意義、特徴、手続

**ポイント**

事業譲渡は一種の商取引であり、合併と異なり特定承継である。事業譲渡
では、必要とする資産や事業のみを手に入れられるが、それらを個別に移
転する必要があるため、手続は合併よりも煩雑である。

## 1 事業譲渡とは

　契約により、会社の事業の全部または一部を他の会社に移転する手法である。
事業の分離という点において後述（【論点9】）の会社分割と類似し、また事業の
全部を譲渡する場合には【論点6】の合併と類似する。しかし、分割や合併では、
自然人における相続のように権利義務を包括的に承継するのに対し、事業譲渡
は契約に基づく取引行為である。

**【 事業譲渡 】**

A社（譲受会社）がB社（譲渡会社）からY事業を買収する場合

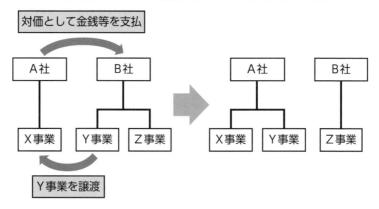

## 2 事業譲渡のメリット・デメリット

　事業譲渡では、契約により譲渡対象を限定することができるため、譲受会社
にとって、簿外債務等のリスクを回避できるメリットがある。反面、事業を買
収する資金が必要になる。また債権者保護手続は不要だが、債権者や転籍する
従業員から個別に同意を得る必要があり、手続が煩雑になるデメリットがある。

## 3 事業譲渡の手続

事業譲渡の手続は、概ね以下の順に進められる。

① 秘密保持契約の締結

② 売買交渉、譲受会社によるデューデリジェンス

③ 譲渡会社の株主総会の特別決議＋（事業の全部譲渡の場合のみ）譲受会社の株主総会の特別決議

④ 資産の移転、登記手続、従業員との転籍契約など

## 4 事業譲渡に関する規定

事業譲渡について、会社法の規定は以下のとおりである。

① 譲渡会社においては、事業の全部または重要な一部を譲渡する場合、株主総会の特別決議による承認が必要である。ただし、総資産額の5分の1（原則）を超えない価額の一部譲渡については、株主総会での承認は不要である（会社法467条1項1号・2号、309条2項11号）。

② 譲受会社においては、事業の全部の譲受について、原則として株主総会の特別決議で承認を得なければならない（会社法467条1項3号、309条2項11号）。

③ 事業譲渡に反対する株主は、原則として株主買取請求権を有する（簡易譲渡にあたる場合を除く）。

④ 債権者保護手続は必要ない（個別の債権者の同意を得る必要はある）。

⑤ 事業譲渡契約等を本店に備え置く義務はない（会社分割と異なる）。

### 追加 ポイント

〈事業譲渡後の競業避止義務〉
事業を譲渡した会社は、当事者間に別段の意思表示なき限り、同一市町村及び隣接市町村において20年間、競業避止義務を負う。

〈簡易譲渡、簡易譲受け〉
【論点11】を参照。上記4-①で説明した譲渡会社にとって株主総会の特別決議が不要となる定量的基準（「総資産額」の5分の1以下）と、譲受会社にとっての簡易譲渡の要件（対価が「純資産額」の5分の1以下）を混同しやすいので、注意したい。

過去問
令和5年度 第6問（設問1・2）吸収合併と事業譲渡
令和4年度 第5問（設問1・2）事業譲渡と会社分割の比較
令和元年度 第2問 株式会社の事業譲渡

# B 論点9　会社分割の意義、特徴、手続

> 会社分割とは、会社の一部または全部の事業を、設立する会社または既存の他の会社に承継させることである。合併と同様に、吸収・新設に分かれる。事業に対する対価は原則として株式である。

## １ 会社分割とは

1つの会社がその事業の全部または一部を他の会社に包括的に承継させ、会社を複数に分割する手法である。既存の会社に事業を承継させる「吸収分割」と、新設した会社に事業を承継させる「新設分割」がある。

### 【 吸収分割 】

A社（分割会社）がB社（承継会社）にY事業を承継させる場合

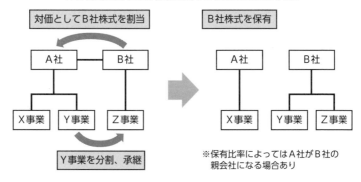

### 【 新設分割 】

A社がB社を新設し、Y事業をB社に承継させる場合

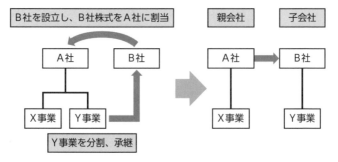

## 2 会社分割のメリット・デメリット

会社分割では、承継する事業の対価は原則として株式であるため、事業譲渡と異なり金銭が不要である、財産や従業員の移転手続が簡易である、吸収分割では分割会社が取得した許認可を承継できる（行政官庁に届出を行うだけで足りる）場合が多いというメリットがある。反面、税務の手続が煩雑であり、さらに買い手企業が非上場企業の場合、売り手企業による株式現金化が困難であるというデメリットがある。

## 3 会社分割の手続

会社分割の手続は以下のとおりである。

① 吸収分割では分割契約書、新設分割では分割計画書を作成（それぞれ目的・商号・承継する権利義務などを記入）

② 株主総会の特別決議による承認（吸収分割の場合は当事会社双方にて）

③ 吸収分割では分割契約で定めた日に分割の効力が発生し、新設分割では新会社の成立日（新会社設立登記の申請日）に効力が発生する。

## 4 会社分割に関する規定

会社分割について、会社法の規定は以下のとおりである。

① 分割契約・分割計画については、原則として株主総会の特別決議による承認を受ける必要がある。

② 分割契約・分割計画の内容を記した書面を、本店に一定期間据え置かなければならない。

③ 会社分割に反対する株主は、原則として株式買取請求権を有する（簡易分割にあたる場合を除く）。

④ 原則として債権者保護手続が必要である。

---

### 追加 ポイント

・債権者保護手続の対象となる債権者と濫用的会社分割 → 【論点12】を参照
・簡易分割、略式分割 → 【論点11】を参照

令和4年度 第5問（設問1・2）事業譲渡と会社分割の比較

---

# 論点10 株式交換・株式移転の意義、特徴、手続

ポイント

> 株式交換・株式移転は、対象会社を自社の子会社にする場合によく用いられる組織再編方法である。株式交換は既存の会社が完全親会社となる場合、株式移転は新設会社が完全親会社となる場合である。

## 1 株式交換・株式移転とは

　株式交換は、完全子会社となる会社の株主が保有するすべての株式と完全親会社となる既存会社が発行する株式や金銭等とを交換し、完全親子関係を構築する手法である。

　株式移転は、単独あるいは複数の完全子会社となる会社の株主が保有する株式を完全親会社となる新設会社に移転し、その代わりに完全親会社の発行する株式を割り当て、持株会社を構築する手法である。

### 【 株式交換 】

A社がB社を子会社にする場合

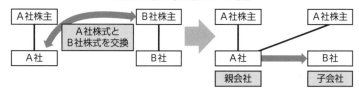

### 【 株式移転 】

持株会社C社を設立し、A社・B社を子会社とする場合

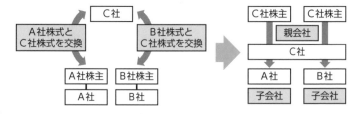

## 2 株式交換・株式移転のメリット・デメリット

　買い手にとって、株式交換には、事業譲渡との比較では買収資金が必要ない、

合併との比較では別法人としての運営が可能である等のメリットがある。反面、簿外債務等を間接的に引き継ぐおそれがある、のれん相当額を償却できず節税メリットが乏しい等のデメリットがある。

株式移転のメリット・デメリットは、株式交換のメリット・デメリットとほぼ同じである。これ以外に、株主構成はそのままに直接所有から間接所有に移行し、資本と経営を分離できるというメリットがある。

## ❸ 株式交換・株式移転の手続

株式交換・株式移転の手続は以下のとおりである。

① 株式交換契約書・株式移転計画書の作成

② 株式交換では当事会社双方、株式移転では子会社になる既存会社すべての株主総会特別決議による承認

③ 株式交換では株式交換日までに株式を交換、株式移転では新会社設立登記

## ❹ 株式交換・株式移転に関する規定

株式交換・株式移転について、会社法の規定は以下のとおりである。

① 株式交換契約・株式移転計画については、原則として株主総会の特別決議で承認を受ける必要がある。

② 株式交換契約・株式移転計画の内容を記した書面を、本店に一定期間据え置かなければならない。

③ 株式交換・株式移転に反対する株主は、原則として株式買取請求権を有する。

④ 原則として債権者保護手続は不要である。これは、株式交換・株式移転は会社財産の変更を伴わず、株主構成が変化するのみだからである。ただし、子会社が発行している新株予約権付社債を親会社が承認する場合等は例外的に必要となる。

### 追加 ポイント

〈株式譲渡益の課税繰延〉
株式交換・株式移転では、子会社となる会社の元株主は、親会社となる会社の株式以外に対価を受けないこと等、いくつかの条件を満たす限り、株式譲渡益への課税を繰り延べることができる。

過去問 過去5年間での出題はない。

# 論点11　簡易組織再編・略式組織再編

> 組織再編は、既存株主に重大な影響をもたらすものであるため、原則として株主総会の特別決議で承認を受ける必要がある。しかし、会社の規模に比べて小規模な組織再編や、支配関係にある会社間での組織再編においては、より簡易な手続で足りるとすることで、当事会社の便宜が図られている。

## 1 簡易組織再編

　簡易組織再編とは、存続会社等が組織再編において対価として交付する株式などの財産総額が、当該存続会社等の純資産額の5分の1以下（定款でこれを下回る割合を定めた場合はその割合以下）である等の要件を満たす場合、承認を受けるための株主総会が不要とされる制度である。

　簡易組織再編が適用される場合は、以下のとおりである。新設合併と株式移転については認められていないことに注意したい。

**【 簡易組織再編が適用される場合 】**

| 組織再編の種別 | 適用されるケース | 対象会社 | 基準（原則）何の5分の1以下か |
|---|---|---|---|
| 合併 | 吸収合併 | 存続会社 | 純資産額 |
| 事業譲渡 | 事業の重要な一部の譲渡 | 譲渡会社 | 総資産額※ |
| | 事業の全部の譲受 | 譲受会社 | 純資産額 |
| 会社分割 | 吸収分割、新設分割 | 分割会社 | 総資産額※ |
| | 吸収分割 | 承継会社 | 純資産額 |
| 株式交換 | | 完全親会社 | 純資産額 |

※事業譲渡における譲渡会社（会社法467条1項2号）、会社分割における分割会社（会社法784条3項）においては、「総」資産額の5分の1以下（定款でこれを下回る割合を定めた場合はその割合以下）が基準となることに注意。

## 2 略式組織再編

　略式組織再編とは、支配関係にある会社間での組織再編について、被支配会社で承認を受けるための株主総会が不要とされる制度である。これは、当事会社が支配関係にある場合、たとえ被支配会社の株主総会を開催しても支配会社

の意図する結果となることが明らかで、株主総会開催の意味が乏しいので、手続的負担を軽減するため株主総会決議を省略することを認めたものである。

ここにいう「支配関係にある」とは、ある株式会社の議決権の10分の9以上（定款でこれを上回る割合を定めた場合はその割合以上）を、他の会社などが有している場合を指す。この場合に支配する側の会社を「特別支配会社」と呼ぶ。

略式組織再編が適用される場合は、次のとおりである。

### 【 略式組織再編が適用される場合 】

| 組織再編の種別 | 適用されるケース | 対象会社 |
|---|---|---|
| 合併 | 吸収合併 | 存続会社、消滅会社 |
| 事業譲渡 | 事業の全部または重要な一部の譲渡 | 譲渡会社 |
| | 事業の全部の譲受 | 譲受会社 |
| 会社分割 | 吸収分割 | 承継会社、分割会社 |
| 株式交換 | | 完全親会社、完全子会社 |

上の表からわかるように、組織再編行為の中で、新設合併、新設分割、株式移転には、略式手続は存在しない。これらについては、特別支配会社となるべき会社がまだ設立されていないためである。

### 追加 ポイント

〈簡易組織再編が認められない場合〉
上述1の要件を満たしていても、①存続会社等において差損が生じる場合、または②存続会社が非公開会社であり、対価として譲渡制限株式を交付する場合は、当該会社につき株主総会の決議を要する。特に①は重要な例外規定で、債務超過会社を吸収合併などする場合に問題となる。

令和3年度　第3問　簡易合併手続

---

# 論点12 組織再編等に関する個別論点

**ポイント**

会社分割における労働契約承継法と、平成26年改正法のM＆A関連の変更点について、一度整理しておきたい。

## 1 労働契約承継法

会社分割における労働者保護の観点から制定された法律である。同法は、承継会社（または新設会社）に承継される事業に主として従事する労働者については承継会社等への承継を保障し、それ以外の労働者については、分割会社への残留を保障する。

**【 労働契約承継法の内容 】**

| 種別 | 規定内容 |
|---|---|
| ①承継される事業に主として従事する労働者 | ・分割契約における労働契約承継の有無や異議申立の期限等を、書面で通知しなければならない。<br>・分割計画書に承継する旨の記載のある労働者の労働契約は、分割の効力が生じた時に新設会社等に承継される。<br>・分割計画書に記載のない労働者は、書面による異議を申し出ることができ、異議を申し出た場合、労働契約は承継される。 |
| ②承継される事業に主として従事する労働者以外の労働者 | ・分割計画書に承継すると記載された労働者に対して、労働契約を承継する旨や異議申立の期限等を、書面で通知しなければならない。<br>・労働者が異議を申し出た場合、労働契約は承継されない。<br>・分割計画書に承継すると記載されていない労働者に対しては、通知は不要。 |

## 2 詐害的会社分割

会社法は、会社分割における債権者保護手続の対象を、分割後に分割会社に対して債務の履行を請求できなくなる債権者に限定している。このため、債務超過状態にある株式会社が残存債権者に無断で会社分割を行い、優良資産を新設（または承継）会社に移転して、分割会社の残存債権者の追及を免れる事態が多発した。

平成26年改正会社法は、平成24年10月の最高裁判決を受けて、分割会社が残存債権者を害することを知って会社分割をした場合、残存債権者は会社分割を知った時から2年間、承継会社等に対して承継した財産の価額を限度として当該債務の履行を請求することができるとした（会社法759条4項、764条4項）。

### ❸ 第三者割当増資に関する規制

従来、公開会社における第三者割当増資については、原則として取締役会決議で決定可能（株主総会決議は不要）であった。このため、敵対的買収に対して経営陣が第三者割当増資で防衛する事態が多発していた。

平成26年改正会社法では、公開会社が募集株式の発行等を行い、当該発行後の引受人の議決権割合が2分の1を超える場合に、議決権の10分の1以上を有する株主が反対の通知をしたときは、株主総会決議により承認を受けることを義務付けた（会社法206条の2第1～3項、同244条の2第1～4項）。

なお、株式譲渡制限会社においては、第三者割当増資について、平成26年改正前から株主総会決議が必要であったので、間違えないようにしたい。

### ❹ 子会社株式の譲渡に関する規制

従来、一定の事業譲渡（会社が事業の全部または重要な一部を譲渡する場合）について株主総会の特別決議が必要とされる（第2章【論点8】❹を参照）一方で、子会社株式の譲渡については株主総会の決議は不要であった。このため、実質的に「会社の重要な事業の譲渡」である子会社株式の譲渡について、株主が異議を述べる機会は保障されていなかった。

平成26年改正会社法では、株式の帳簿価額が親会社の総資産の5分の1を超える子会社の議決権総数の過半数を有しなくなる場合には株主総会の決議を要するとした（会社法467条1項2号の2）。

### ❺ 組織再編などの差止請求

従来、組織再編において、株主に差止請求を認める規定はなかった（略式組織再編を除く）。このため、組織再編差止手続は、仮処分の申立て（組織再編を決議した株主総会の決議取消の訴えを本案とする）で代用されていた。

平成26年改正会社法では、組織再編、全部取得条項付種類株式の取得、株式併合について、法令または定款に違反し、かつ株主が不利益を受けるおそれがある場合には、株主が差止請求できるとされた。

## ⑥ 特別支配株主による株式等売渡請求

　株式会社の大株主が金銭を対価として、少数株主を退出させることを「キャッシュ・アウト」と呼ぶ。キャッシュ・アウトは、会社の合併や完全子会社化などを行う場合に用いられる手法である。

　従来、キャッシュ・アウトを行う際には、「全部取得条項付種類株式」、「株式併合」などの手法が利用されたが、株主総会特別決議が必要で手続が煩雑なこと、少数株主側にとっては何ら保護制度がないことなど、問題が多かった。

　平成26年改正会社法では、「株式等売渡請求」の制度が新設された。この制度では、会社の議決権の10分の9以上を保有する「特別支配株主」は、会社に対して売渡の承認を請求でき、会社が承認した場合は少数株主から株式を取得することができる（会社法179条1項）。

　少数株主は、取得日前に裁判所に対して、株式の価格決定の申立てができる。さらに、法令違反など少数株主が不利益を被るおそれがある場合には、特別支配株主を相手として、株式取得の差止を請求できる。また、事後的にも株式取得無効の訴えを提起することができる（公開会社では取得日から6ヵ月以内、株式譲渡制限会社では1年以内）。

### 【 株式等売渡請求の流れ 】

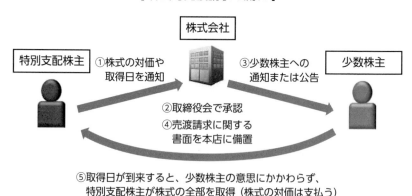

⑤取得日が到来すると、少数株主の意思にかかわらず、
　特別支配株主が株式の全部を取得（株式の対価は支払う）

**追加 ポイント**

〈他の組織再編における労働契約の承継〉
・事業譲渡：労働者の個別の同意が必要である（民法625条1項）。
・合併：包括的承継なので、当然に承継される。
・株式交換・株式移転：株主が交替するだけで、労働契約には影響しない。

過去5年間での出題はない。

# 論点13　倒産の意義と倒産手続の体系

ポイント

倒産の意義、倒産処理には大きく分けて法的整理と私的整理があり、それぞれが目的により再建型と清算型に分かれることを知っておきたい。

## 1 倒産とは

「倒産」という言葉は日常的に使用されているが、法律用語ではない。一般には、企業の経営が行き詰まり、弁済期が到来した債務を弁済できなくなった状態のことをいう。

### 【「倒産」と認められる事実と内容、その後の流れ】

| 項目 | 内容、その後の流れ |
|---|---|
| ①銀行取引停止処分 | 手形・小切手を6ヵ月間に2回不渡りを発生させること。この場合、銀行の当座預金取引と貸出取引を2年間禁止される。 |
| ②破産の申立 | 支払不能などの破産原因により、経営者・株主または債権者が裁判所に申し立てる。破産管財人が選任され、会社財産の清算と債権者への分配が行われる。 |
| ③会社更生手続開始の申請 | 主に大規模な株式会社を対象とする。債務弁済のできない場合、またはそのおそれがある場合に、経営者・株主または債権者が裁判所に申請する。更生管財人が選任され、事業を継続しつつ再建を図る。 |
| ④民事再生手続開始の申請 | 破産手続開始の原因の生ずるおそれがある場合、または事業の継続に著しい支障を来すことなく債務を弁済できない場合に、経営者または債権者が裁判所に申請する。原則として旧経営陣が残り、事業を継続しつつ再建を図る。和議法に代わって平成12年に施行された制度。 |
| ⑤特別清算の開始 | 清算中の株式会社について清算の遂行に著しい支障を来すべき事情または債務超過の疑いがある場合に、清算人・株主または債権者の申立で開始される。清算人が特別清算人に就任し、裁判所の監督下で清算事務を遂行する。 |

| | |
|---|---|
| ⑥私的整理（任意整理）の開始 | 法的整理によらず、債務者と債権者の話し合いで債務を整理する。再建型・清算型の両方で使われる。裁判所が関与しないため、自由かつ柔軟である一方、透明性・公平性の確保は困難である。法的拘束力のない指針として、平成13年9月に公表された「私的整理ガイドライン」や令和4年3月に公表された「中小企業の事業再生等に関するガイドライン」がある。 |

## ② 倒産処理手続の体系

倒産処理には大きく分けて法的整理と私的整理がある。

法的整理は、事業資産を残して事業を継続し、得られた収益をもとに債権回収を図る「再建型手続」（会社更生、民事再生）と、すべての資産を換価して債権者に分配し、事業を廃止する「清算型手続」（破産、特別清算）に分かれる。

私的整理も同様に、再建型と清算型に分かれる。多くの場合は再建型であり、手法として債務免除や条件変更、DESやDDSなどが用いられる。

### 【 倒産処理手続の体系 】

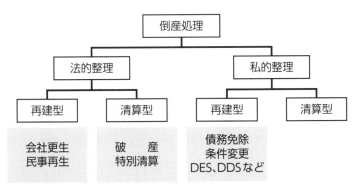

### 追加 ポイント

〈会社整理（廃止された制度）〉
旧商法では「会社整理」という再建型の制度があったが、債権者全員の同意が必要なため、使い勝手が悪く、ほとんど利用されていなかった。このため、会社法施行の際に廃止された。

過去問　過去5年間での出題はない。

# 論点14 破産手続

ポイント

破産手続は、個人・法人の両方を対象とする、代表的な清算型の法的整理手続である。裁判所に選任された破産管財人が、すべての財産や債権債務を現在化・金銭化し、債権額の比率によって公平に債権者に分配して、手続を終了する。

## 1 破産手続とは

破産原因（支払不能、支払停止、債務超過）がある場合に、債務者または債権者の申立てを受けて、裁判所が選任した破産管財人が、裁判所の監督のもとで会社財産の売却や回収を行って、集まった金額を法律で決められた優先順位に従って債権者に支払う、清算型の法的整理手続である。

なお、債務者自身が破産申立を行うことを「自己破産」という。

## 2 破産手続の特色

破産手続の特色は以下のとおりである。

① 個人と法人の両方が対象となる。

② 破産手続開始決定時に破産者が有する差押可能な財産は原則として「破産財団」に属し、破産者は財産の管理処分権を失う（99万円以下の現金、破産手続開始決定後に破産者が取得した財産等は、「自由財産」として破産財団から除かれる）。

③ 債権者は破産手続への参加を強制され、個別の権利行使は禁止される。ただし、担保権の実行は「別除権」として許される。

④ 詐害行為（財産を安く売却する等、破産者の財産を減少させて全債権者を害する行為）、偏頗行為（支払不能や破産申立の後に、特定の債権者だけが弁済を受けたり担保の提供を受けたりする行為）、無償行為（贈与など、破産者が何の対価も得られない行為）について、破産管財人は「否認権」を行使し、それらの行為をなかったことにする。

⑤ 原則として、財産は換価（現金化）され、債権や債務は現在の価値で金銭化される。

⑥ 破産手続にかかる費用（破産管財人の報酬など）、公租公課（破産手続開始当時、納期限が到来していないか、納期限から1年を経過していないもの）、労働債権（破産手続開始前3ヵ月間の給料請求権）などは、「財団債権」として、優先的にかつ随時弁済される。

⑦ その他の債権は「破産債権」となり、財団債権を弁済した後、残余財産から比率弁済される。
「破産債権」の中にも順位があり、公租公課（納期限から1年以上経過したもの、給料債権（破産手続開始前3ヵ月より前の期間に関する給料請求権）などは、「優先的破産債権」として、他の破産債権に優先する。

## ❸ 破産手続の流れ

破産手続の流れの概略は以下のとおりである。

① 債務者または債権者が、裁判所に対して破産申立を行う。
② 裁判所が破産手続開始決定を行い、破産管財人を任命する。
③ 裁判所が債権者に破産手続開始通知書を郵送する。
④ 会社関係者が破産管財人に会社の資産・負債の状況等を説明する。
⑤ 債権者が債権届出書を提出する。
⑥ 破産管財人が会社の資産を換価・回収し、届出債権を調査する。
⑦ 一般債権者への配当可能性があれば、破産管財人が一般債権者に配当し、裁判所が破産手続終結決定を行う。
⑧ 一般債権者への配当可能性がなければ、破産管財人が財団債権のみ弁済し、裁判所が破産手続廃止決定を行う。
⑨ 破産手続が終了し、会社は消滅する。

### 追加 ポイント

〈破産の同時廃止〉
破産財団が破産手続の費用（少なくとも破産管財人の報酬相当額）にも足りないと認めるときは、裁判所は、破産手続開始決定と同時に破産手続を終了させる決定をする。これを破産の同時廃止といい、この場合破産管財人は選任されない。

 令和3年度 第4問 破産手続及び民事再生手続

# 論点15　会社更生手続

ポイント

会社更生手続は、倒産した大規模な株式会社の再生を図る際に用いる、再建型の法的整理である。利害関係が複雑な大企業でも手続を進めるため法的な強制力が強い点、経営陣がすべて解任される点、更生計画案の可決要件などにおいて、【論点16】の民事再生手続と異なる。

## ◪ 会社更生手続とは

　破産手続開始の原因となる事実が生ずるおそれがある株式会社、または事業の継続に著しい支障を来さずに弁済期にある債務を弁済できない株式会社を対象とする、再建型の法的整理手続である。

## ◪ 会社更生手続の特色

　会社更生手続の特色は以下のとおりである。

① 株式会社のみが対象となる。

② 裁判所の選任した更生管財人が事業を継続し、旧経営陣は解任される。

③ 租税等の請求権や担保権者への弁済は、更生計画の定めに従って行われる。

④ 更生計画の認可によって切り捨てられた金融機関の債権は消滅し、金融機関はそれを損金算入できる。

⑤ 通常、100%減資により株主の権利が消滅し、新株主による払込増資が実施される。

## ◪ 会社更生手続の流れ

　会社更生手続の流れの概略は以下のとおりである。

① 株式会社が、裁判所に対して更生手続開始の申立てを行う。

② 裁判所が更生手続開始決定を行い、更生管財人を任命する。

③ 裁判所が債権者に更生手続開始通知書を郵送する。

④ 債権者が債権届出書を提出し、更生管財人が届出債権を調査する。

⑤ 更生管財人が債権認否書を裁判所に提出する。

⑥ 更生管財人が企業継続価値に関する財産評定書を裁判所に提出する。

⑦ 更生管財人が更生計画案を提出する（手続開始1年以内）。

⑧ 更生計画案が関係人集会で多数決により可決され、裁判所が認可すると、再生計画は確定し、実行される（認可決定後15年以内）。

⑨ 更生計画案が関係人集会で否決された場合、または裁判所が認可しなかった場合は、裁判所が職権で破産手続開始決定を下し、破産手続に移行する。

## ❹ 更生計画の可決要件

会社更生手続では、債権者・担保権者・株主の3者が参加する「関係人集会」で更生計画案を決議する。（民事再生手続では債権者のみの「債権者集会」で再生計画案を決議することと対比される。）

下表の決議結果がグループにより異なる場合は、裁判所が判断する。

### 【 更生計画案の可決要件 】

| グループ | ケース | 可決要件 |
|---|---|---|
| 債権者 | すべて | 議決権総額の2分の1を超える同意 |
| 担保権者 | 弁済期限の猶予が内容の場合 | 議決権総額の3分の2以上の同意 |
| | 弁済額の減免が内容の場合 | 議決権総額の4分の3以上の同意 |
| | 事業全部の廃止が内容の場合 | 議決権総額の10分の9以上の同意 |
| 株主 | すべて | 議決権総数の過半数の同意 |

---

追加 ポイント

〈DIP型会社更生手続〉
会社更生手続は、経営者を解任し更生管財人を選任するのが特徴であるが、経営陣がこれを嫌い、経営を継続できる民事再生手続を申し立てる例が増加した。その対策として、一定の要件を満たす場合には、申立時の取締役を管財人として引き続き経営に当たらせるという運用が行われるようになった。これを「DIP型会社更生手続」という。「DIP」とは"Debtor In Possession"（占有を継続する債務者）の意である。

過去問 過去5年間での出題はない。

## B 論点16 民事再生手続

> **ポイント**
>
> 民事再生手続は、個人・法人の両方が対象となる再建型の法的整理である。中小企業でも利用しやすいよう、公平性・透明性を保ちつつ、簡易・迅速な処理が図られている。経営者が引き続き経営できる点、再生計画案の可決要件などにおいて、【論点15】の会社更生手続と異なる。

### 1 民事再生手続とは

破産手続開始の原因となる事実が生ずるおそれがある個人・法人、または事業の継続に著しい支障を来さずに弁済期にある債務を弁済できない個人・法人を対象とする、再建型の法的整理手続である。

### 2 民事再生手続の特色

民事再生手続の特色は以下のとおりである。

① 個人・法人の両方が対象となる。

② 経営破綻前でも申立てができる。

③ 申立後も従来の経営者が引き続き経営できる。

④ 再生手続開始後、監督委員が選任され、不動産の処分や金銭の借入など財務内容に影響を与える行為を監督する。

⑤ 担保権については、実行の中止命令と担保権消滅請求の制度がある。

⑥ 不公正な財産処分等の行為は否認されうる。

⑦ 対象が中小企業の場合は、減資は行われないことが多い。（大企業などのスポンサーが付く場合は、対象企業が債務超過であれば、100％減資されることがある。）

### 3 民事再生手続の流れ

民事再生手続の流れの概略は以下のとおりである。

① 債務者または債権者が、裁判所に対して再生手続開始の申立てを行う。

② 裁判所が再生手続開始決定を行い、監督委員を選任する。

③ 裁判所が債権者に再生手続開始通知書を郵送する。

④ 債権者が届出をした債権について調査する。

⑤ 経営者が再生計画案を裁判所に提出する。

⑥ 再生計画案が債権者集会で多数決により可決され、裁判所が認可すると、再生計画は確定し、実行される（認可決定後10年以内）。

⑦ 再生計画案が債権者集会で否決された場合、または裁判所が認可しなかった場合は、裁判所が職権で破産手続開始決定を下し、破産手続に移行する。

## 4 再生計画の可決要件

　民事再生手続では、民事再生法では債権者のみの「債権者集会」で再生計画案を決議する。（会社更生手続では債権者・担保権者・株主の3者が参加する「関係人集会」で更生計画案を決議することと対比される。）

　可決の要件は、議決権者（債権者集会に出席した、または書面等により投票した債権者）のうち、

　①（頭数で）過半数　かつ

　②（議決権総額で）2分の1以上

の同意である。

### 追加 ポイント

〈DIP（Debtor In Possession）ファイナンス〉
DIPファイナンスとは、民事再生法の適用を申請し再建途上にある中小企業や、私的整理によって再生を図る企業などに対し、短期・長期の運転資金や設備資金などを融資する制度である。日本政策金融公庫（中小企業事業）、商工組合中央金庫、日本政策投資銀行の3つの政府系金融機関が先駆的にこの仕組みを取り扱い始め、今では都市銀行、地方銀行でも取り組んでいる。

過去問

令和5年度　第8問　民事再生手続
令和3年度　第4問　破産手続及び民事再生手続

# 論点17 私的整理の意義と特徴、各種再生手法等

**ポイント**

法的整理は公平性・透明性に優れるが、一般的に、多くの時間を要する点や、手続開始の事実が官報などで公表される点から敬遠されやすく、私的整理が選択される場合も多い。

## 1 私的整理とは

　破産や民事再生など裁判所が関与する法的整理によらず、会社が自ら各債権者との個別の話し合いや債権者全体との集団的な話し合いを行って、弁済額や弁済方法などを了承してもらい、会社を再建または清算する方法である。

　再建型では、弁済のリスケジュールや債務のカットなどについて了承を得て、事業の立て直しを図る。清算型では、弁済額や弁済方法などについて了承を得て、債務を整理し会社の清算を行う。

## 2 私的整理のメリット・デメリット

　私的整理は、裁判所が関与せず、債務者と債権者の合意によって行うため、簡易かつ迅速に進めることができるメリットがある。

　反面、私的整理では、法的整理と異なり、債権者の多数決で処理の方法を決めることができないため、一部の大口債権者の協力が得られない場合、私的整理によって事業再建を行うことは困難であるというデメリットがある。また、裁判所が関与しないため、公平性や透明性については法的整理に劣る。

## 3 各種の再生手法

　私的整理に関連する再生手法は多様であるが、その中の主要なものとして次の2つを押さえておきたい。そのほか、【論点16】の追加ポイント「DIPファイナンス」を確認のこと。

### ①DDS (Debt Debt Swap)

　DDSとは、既存の借入金の一部を、一般の債権よりも劣後する無担保借入金に変更することである。DDSにより、借入会社には元本返済の延期などのメリットがある。また、金融機関には、劣後借入金を当該借入企業の評価において資本（資本性借入金）とみなして取り扱うことが可能となり、当該借入企業のための引当金が少なくなるというメリットがある。

## ②DES (Debt Equity Swap)

　DESとは、債権者が借入企業に対する金銭債権を現物出資し、これに対して借入企業が株式を発行することである。債務超過状態にある借入企業の債務を株式化することで、当該負債が純資産に振り替えられる。借入企業には、自己資本比率およびキャッシュ・フローの改善というメリットがある。また、金融機関には、再建が成功すれば企業価値が向上し、実質的な債権回収ができるメリットがある。

### 追加 ポイント

〈特定調停手続〉
債務者が、裁判所に特定調停の申立を行い、調停委員会に当事者間の利害関係を調整してもらう手続である。この手続中に当事者間で合意ができれば調停が成立し、成立しなければ手続は終了する。裁判所外での話し合いで多くの債権者の了解が得られたものの、一部の債権者の賛成が得られないような場合や、債権者の税務処理のために必要な場合などに利用される。

〈中小企業再生支援協議会〉
中小企業の再生に向けた取組みを支援するため、各都道府県に設置されている公的な機関である。中小企業再生支援協議会の特別の手続によって債務免除を受けると、債務者は税務上の優遇措置を受けることができ、債権放棄をする金融機関にとっても貸倒処理が確実となるメリットがある。

〈金融検査マニュアル〉
金融検査マニュアルとは、金融庁の検査官が金融機関を検査する際の手引書である。この中では、金融機関は財務状況や資金繰り、収益力等から総合的に判断して債務者をランク付け (自己査定) することとされ、そのランクのことを「債務者区分」といった。債務者区分が引き下げられるほど貸し倒れのリスクが高まり、金融機関の貸倒引当金の引当率が上がることから、融資も難しくなるとされた。しかし、マニュアルが画一的なチェックリストとされ実態を判断していないこと等が問題とされ、金融検査マニュアルは令和元年12月18日付で廃止された。今後は、金融機関ごとの個性や特性に応じて貸付先を評価し、融資の審査や引当金の見積りを行うこととされている。

過去問　過去5年間での出題はない。

# 知的財産権に関する知識

| 第1章 | 知的財産権全般 |
| 第2章 | 産業財産権 |
| 第3章 | 不正競争防止法 |
| 第4章 | 著作権 |
| 第5章 | 知的財産権に関する契約 |
| 第6章 | 知的財産権に関する国際条約 |

# 論点1　知的財産権の意義と種類

**ポイント**

> 「知的財産権」とは、産業上・文化的創作物と営業上の標識を利用する権利の総称である。知的財産権のうち、特許権・実用新案権・意匠権・商標権の4つを「産業財産権」という。

## 1　知的財産権

　知的財産権とは、人間の知的創造活動の成果について、その創作者に一定期間与えられる独占権である。

　知的財産権は、創作意欲の促進を目的とする「知的創造物についての権利」と、使用者の信用維持を目的とする「営業標識についての権利」に大別される。

### 【 知的財産の種類 】

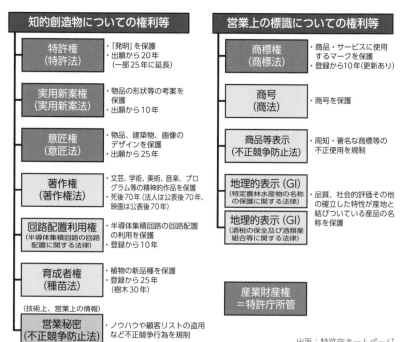

出所：特許庁ホームページ

## ❷ 産業財産権

　知的財産権のうち、特許権、実用新案権、意匠権及び商標権の4つを「産業財産権」という。これらの権利は、特許庁に出願し、登録されることによって、一定期間、独占的に実施（使用）できる権利となる。

### 【 産業財産権の比較 】

| | 特許権 | 実用新案権 | 意匠権 | 商標権 |
|---|---|---|---|---|
| 保護の対象 | 発　明 | 考　案 | 意　匠 | 商　標 |
| 保護される内容 | 自然法則を利用した高度なアイデア | 自然法則を利用した技術的なアイデアで、物品の形状、構造または組合せに係るもの | 物品の形状、模様または色彩からなるデザイン | 文字、図形、記号、立体的形状、もしくは色彩またはこれらの結合、音その他政令で定める標章で、商品・サービスに使用するもの |
| 保護の期間 | 出願から20年 | 出願から10年 | 出願から25年 | 登録から10年 |
| 内容の実体審査 | あり | なし | あり | あり |
| 権利の延長 | 一定の場合可 | 不可 | 不可 | 複数回更新可能 |

## ❸ その他の知的財産権

　知的財産権のうち、産業財産権以外の産業上の創作に関する権利として、著作権（著作権法）、回路配置利用権（半導体集積回路の回路配置に関する法律）、育成者権（種苗法）、営業秘密（不正競争防止法）、商号（商法、会社法）などがある。

### 追加 ポイント

〈令和3年産業財産権関連法改正のポイント〉
令和3年産業財産権関連法改正では、新型コロナウイルスの感染拡大に対応したデジタル化等の手続整備（ウェブ会議システムの利用や意匠・商標の国際出願の登録査定通知等の電子送付への対応等）やデジタル化の進展に伴う権利保護の見直し（海外事業者の郵送等による模倣品の国内持込を商標権等侵害とする等）、知的財産制度の基盤の強化（特許料等の料金体系の見直し等）が図られた。

過去問　令和2年度　第8問　産業財産権の制度比較

## 論点2 特許制度の概要

**ポイント**

特許制度の目的は、発明の保護及び利用を図ることにより、発明を奨励し、もって産業の発達に寄与することである。特許法における「発明」とは、「自然法則を利用した技術的思想の創作のうち高度なもの」であり、産業上利用できることが必要である。

### 🔳 特許権の意義と目的

特許権とは、特許を受けた特定の発明を独占的・排他的に利用しうる権利である。特許制度の目的は、発明の保護及び利用を図ることにより、発明を奨励し、もって産業の発達に寄与することである (特許法1条)。

### 🔳 特許法における「発明」とは

以下の4つの要件が必要である。

#### ① 自然法則を利用していること

「自然法則」とは、自然界において経験的に見出される科学的な法則をいう。課題に対する解決手段が自然法則を利用していることが必要である。

#### ② 技術的思想であること

「技術」とは、一定の目的を達成するための具体的手段であって、実際に利用でき、知識として客観的に伝達できるものをいう。

#### ③ 創作であること

「創作」とは、新しいことを創り出すことを指し、何も創り出さない「発見」とは区別される。

#### ④ 高度のものであること

「高度のもの」は主として実用新案法の考案と区別するための要件であり、「発明」に該当するか否かの判断にあたって「高度」でないという理由で「発明」に該当しないとされることはない。

## 【 特許法上の「発明」とは 】

### ○自然法則を利用しているか

× 自然法則以外の法則→経済法則など
× 人為的取り決め→ゲームのルールそれ自体など
× 自然法則自体→エネルギー保存の法則、万有引力の法則など

### ○技術的思想であるか

× いわゆる技能→フォークボールの投げ方など
× 単なる情報の提示→デジタルカメラで撮影された画像データなど
× 美的創作物→絵画、彫刻

### ○創作であるか

○ 天然物から人為的に分離した化学物質
× 天然物の単なる発見など

### ○高度であるか

(「高度」か否かの判断は、実際にはなされない)

× ゲームのルール

× フォークボール
　の投げ方

出所：特許庁『2023年度知的財産権制度入門テキスト』

---

### 追加 ポイント

〈特許を出願すべきか否かの見極め〉
特許権者は、他人が無断で業として特許発明を実施した場合、民事上・刑事上の措置をとることができる（【論点6】4参照）。
ただし、この措置は特許権侵害を立証できることが前提である。立証の見通しが立たないなら、内容が万人に公開される特許を取得すべきでない。その場合、生産方法などを営業秘密として管理し（【論点16】を参照）、取引先への技術供与に先立って秘密保持契約を結ぶのが適切である。

〈ビジネスモデル特許〉
ひと頃持てはやされたものに「ビジネスモデル特許」がある。結論として、ビジネスモデル自体は特許にはならない。上述の定義の中で「自然法則を利用している」の要件を満たさないからである。しかし、「ビジネスの方法をITを利用して実現する装置・方法の発明」であれば、特許になりうる。古典的なビジネスモデル特許の例として、逆オークション特許とマピオン特許がある。

過去問　過去5年間での出題はない。

**B** **論点3** 特許を受けるための要件

ポイント

> すべての発明が特許を受けられるわけではなく、特許を受けるためには、特許法に定められた「特許を受けることができる発明」の要件を満たす必要がある。

## 1 産業上利用することができること

　単に学術的・実験的にしか利用できない発明は、「産業の発達」を図るという特許法の目的から見て、保護に値しないからである。ここにいう「産業」は、工・鉱業、農業などの生産業だけでなく、サービス業や運輸業なども含む。

## 2 新規性があること

　すでに誰もが知っている発明に特許権という独占権を与えると害があるからである。特許法では、以下の場合は新規性がなく、特許を受けられないと定める。

　① 特許出願前に公然と知られた発明（例：テレビでの放映）

　② 特許出願前に公然と実施された発明（例：店で販売）

　③ 特許出願前に頒布された刊行物に記載された発明や電気通信回線を通じて公衆に利用可能となった発明（例：特許公報、研究論文、書籍等に掲載）

　例外として、特許を受ける権利を有する者の行為に起因して公開され新規性を失ったものについて、救済を受けられる場合がある（新規性喪失の例外）。

### 【 新規性喪失の例外 】

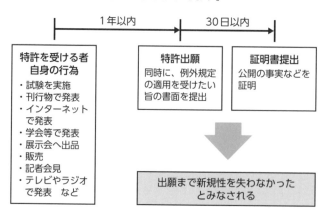

## ❸ 進歩性があること

　すでに知られている発明を少し改良しただけの場合のように、誰でも容易にできる発明は進歩性がないとして、特許を受けることができない。進歩性の有無の判断は、当業者(発明が属する技術分野の通常の知識を有するもの)から見てその発明に至る考え方の筋道が容易であるかで判断される。進歩性がないとされる場合には、以下のようなものがある。

### ① 公然と知られた発明や実施された発明を単に寄せ集めただけの発明

　　(例:「船外機を設けた船」と「空中プロペラを設けた船」が実在するとして、「船外機とプロペラの両方を設けた船」を特許出願した場合)

### ② 発明の構成の一部を置き換えたにすぎない発明

　　(例:「椅子の移動をスムーズにする」キャスターの技術を、「机の移動をスムーズにする」キャスターの技術に応用して特許出願した場合)

## ❹ 先に出願されていないこと

　日本の特許法では、先に発明した者ではなく、先に出願した者に特許が与えられる(先願主義)。どちらが先に発明したかよりもどちらが先に出願したかのほうが判断しやすく、いち早く発明を公開しようとした者を保護するという特許制度の目的にも沿うからである。

## ❺ 公共の秩序に反しないこと

　公序良俗に反する発明や、国民の健康に害を与えるおそれがある発明は、特許を受けることができない(例:「紙幣を簡単に偽造できる機械」)。

---

### 追加 ポイント

新規性喪失の例外は、以前はもっと範囲が狭かった。平成23年改正法(平成24年4月施行)により、左ページの図表にあるように幅広い行為について認められるようになった。また、平成30年改正法(平成30年6月施行)により、例外期間は、従来の6ヵ月から1年に延長された。

過去問
令和4年度　第14問　新規性喪失の例外
令和3年度　第15問　産業財産権全般
令和2年度　第13問　特許法の先使用権及び新規性喪失

## 論点4　特許を受ける権利と職務発明

ポイント

> 特許を受ける権利は、発明者に原始的に帰属し、財産権として自由に譲渡することができる。従業者が職務上行った発明に関する権利の取扱いについては、職務発明制度の定めるところによる。

### 🔟 特許を受けることができる者

　特許を受ける権利は発明者にある。この権利は、発明の完成と同時に発明者に原始的に帰属する（特許法29条1項）。発明者は、この特許を受ける権利を他人に譲り渡すことができ（特許法33条1項）、発明者から権利の譲り受けや相続をした者を「承継人」という。

　ただし、特許を受ける権利が共有に係る場合には、各共有者は自身の持分を他の共有者の同意を得ずに譲渡することはできない（特許法33条3項）。

### 2️⃣ 特許を出願するための資格

　特許を受けるためには出願をしなければならないが、出願をするためには権利能力（法律上の権利義務の主体となる資格）が必要である。権利能力は自然人及び法人に認められる。このため、法人格のない団体の名義で出願することはできない。

### 3️⃣ 職務発明制度

　職務発明制度とは、従業者が職務上行った発明に関する権利の取扱いについて定めることで、従業者と使用者との間の利益の調整を図るものである（特許法35条）。

#### ① 職務発明とは

　企業等の従業者の発明は、職務発明（従業者が職務として研究・開発をした結果完成させた発明）と、自由発明（職務発明以外の発明）に分かれる。

#### ② 職務発明制度の基本的な考え方

　上述🔟のように、特許法は特許を受ける権利を発明者に与えている。一方で、従業者がした職務発明については、従業者への給与、設備、研究費の提供など、使用者による一定の貢献が不可欠である。そこで、次のように、発明した従業者と、従業者を支援した使用者との間の利益の調整を図っている。

契約、勤務規則などの取決めにおいてあらかじめ定めたときは、特許を受ける権利は、発生したときから使用者に所属する。一方、使用者が従業者に対して、規程等による帰属の意思表示をしなかった場合には、特許を受ける権利は従業者に帰属する。

### ③ 相当の利益の決定

　特許を受ける権利を使用者に帰属させる場合、実際に発明を産み出した従業者は、特許を受ける権利を使用者に譲渡する代償として、相当の金銭その他の経済上の利益を受ける権利を有する。使用者から従業員に付与される利益の内容は、経済産業大臣の定めるガイドライン（職務発明ガイドライン）に従って決定されるものとする。

**【 特許を受ける権利を使用者に帰属させる場合 】**

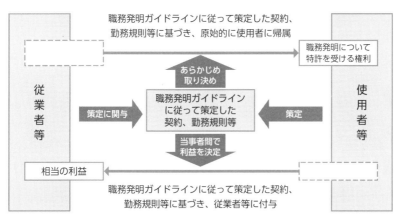

出所：特許庁『2023年度知的財産権制度入門テキスト』

追加 ポイント

平成27年に特許法が改正され、上記のように職務発明制度について、①就業規則等の取決めにより、発明を受ける権利を発生時から使用者に帰属できる、②発明者へのインセンティブ（相当の利益）の付与、③インセンティブ決定手続のガイドライン策定、の3点が新たに定められた。

過去問　令和元年度　第13問　特許権

## B ▶ 論点5　特許権の取得手続

特許権は、出願しただけでは権利を取得することができない。出願すると方式審査が行われ、さらに審査請求をすると審査官による実体審査が行われる。特許の要件を満たし審査を通過すると特許査定がなされ、特許料の納付により特許原簿に登録されると、特許権が発生する。

### 1 特許権取得手続の流れ

出願から1年6ヵ月を経過すると、公開特許公報で出願内容が公開される。内容に関する実体審査は、出願後3年以内に審査請求を行うことによって初めて開始される。

**【 特許出願から特許取得までの流れ 】**

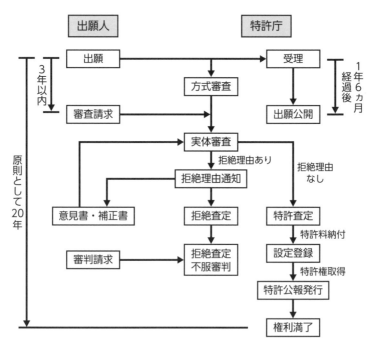

## 2 さまざまな制度に基づく出願

### ① 国内優先権を利用した出願

すでになされている特許出願（実用新案登録出願）を基礎として、新たな特許出願をしようとする場合には、基礎とした特許出願の日から1年以内に限り、その出願に基づいて優先権を主張することができる。この制度を用いることにより、新たな実施例や関連発明について、基礎とした発明の出願のときに出願されたものとみなすという、優先的な取扱いを受けることができる。

### ② 出願の変更

特許出願と実用新案登録および意匠登録出願は、一定の期間、相互に出願形式を変更することができる。出願変更された場合、元の出願は取り下げられたものとみなされる。

### ③ 実用新案に基づく特許出願

実用新案登録がなされた後、実用新案権者は、実用新案登録出願から3年間、実用新案権に基づいて特許出願をすることができる。ただし、本人が実用新案の評価請求をした後、または他人の請求通知を受けて30日を経過した後はこの限りでない。この制度による出願をしたときは、基礎とした実用新案権は放棄しなければならない（特許法46条の2）。

追加 ポイント

〈出願変更の期間〉
上述 2 ②については、それぞれ次のように定められている。
・実用新案→特許：出願から3年以内
・特許→実用新案、意匠→実用新案：出願から9年6月以内
・意匠→特許：出願から3年以内
・特許→意匠、実用新案→意匠：出願継続中

過去問 令和4年度　第8問　産業財産権法全般
令和2年度　第8問　産業財産権の制度比較
令和2年度　第12問　実用新案法と特許法の比較

# A 論点6 特許権の効力

**ポイント**

特許法では、発明を3つのカテゴリー（表現形式）に分けており、カテゴリーごとに特許権の効力が及ぶ範囲が異なる。特許権者が特許権を侵害された場合、民事上・刑事上の措置をとることができる。

## 1 特許権の存続期間

特許法では、原則として出願日から20年間を特許権の存続期間としている（特許法67条1項）。この期間は、一般化した技術が独占されると周辺技術や社会の発展を阻害することを考慮して設定されている。なお、医薬品や農薬など一部の分野では、5年を限度とする延長登録出願の制度がある。

## 2 発明の表現形式と特許権の及ぶ範囲

発明は「物の発明」、「物を生産する方法の発明」、「物の生産を伴わない方法の発明」に分かれ、種類によって特許権の効力が及ぶ範囲が異なる。物にも方法にも発明がある場合は、「物の発明」と「方法の発明」の両方で表現できる。

### 【 発明の種類と効力の及ぶ範囲（特許法2条3項）】

発明の種類（カテゴリー）によって発明の実施（権利の効力の及ぶ範囲）が異なる

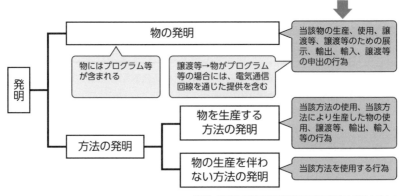

出所：特許庁『2023年度知的財産権制度入門テキスト』

特許権者は、特許発明を業として実施する権利を専有する（特許法68条）。特許発明の技術的範囲は、願書に添付した特許請求の範囲の記載に基づいて定められる（特許法70条1項）。

仮に「断面が六角形で（要件A）木製の軸を有する（要件B）ことを特徴とする鉛筆（要件C）」という特許請求であったとして、断面が丸形（要件Aを欠く）、軸がプラスチック製（要件Bを欠く）、ボールペン（要件Cを欠く）等であれば、無断で実施しても当該特許権の侵害にはあたらない。

## ❸ 特許権の効力の例外

特許権者の意思にかかわらず他人がその特許発明を実施してもよい場合や、自己の特許発明でありながら実施できない場合がある。

### ① 法律の規定に基づき他人による特許権の実施が認められる場合

特許権者の意思にかかわらず、他人による特許権の実施が認められる場合がある（法定実施権）。例として、職務発明の使用者による実施（特許法35条）、特許出願の際に日本国内においてその実施又は準備をしていること（先使用）に基づく実施（特許法75条）がある。

### ② 自己の特許発明でありながら実施できない場合

たとえば、ある機械の発明（発明Aとする）の改良たる発明（発明Bとする）をして特許権を取得した者は、発明Aを実施しなければ発明Bを用いて機械の生産や販売を行うことはできない。このため、発明Aについて特許権者がいる場合、その承諾なくして発明Bを実施することはできない（特許法72条）。

また、専用実施権を設定した場合も、特許権者はその設定範囲で実施を制限される（特許法68条但書、Ⅱ 第5章【論点21】❸ライセンス契約 参照）。

## ❹ 特許権侵害に対する対応

他人が無断で業として特許発明を実施すれば権利の侵害となり、特許権者は民事上・刑事上の措置をとることができる。

具体的には、①差止請求権（特許法100条。特許権を侵害する者または侵害するおそれのある者に対し、侵害の停止または予防、侵害品・侵害品製造設備の廃棄を求める権利）、②損害賠償請求権（民法709条）、③信用回復措置請求権（特許法106条。裁判所に対し、新聞への謝罪広告掲載など信用回復に必要

な措置を請求できる権利)、④不当利得返還請求権(民法703条、同704条)、⑤特許権侵害の罪(特許権を侵害した者は、刑事罰として懲役もしくは罰金またはこれらを併科される)、である。

## 5 他者の特許権を阻止する方法

### ① 特許権成立前

当該特許出願が掲載された公開特許公報で、特許請求の技術的範囲を調査する。技術的範囲が自社の実施内容と重なる等、特許の成立を阻止する必要がある場合は、特許庁への情報提供(出願内容に新規性がないことを示す証拠の提出)を行う。具体的には、出願前に発表された論文や業界紙、過去の類似出願内容が掲載された公開特許公報等を送付する。

### ② 特許権成立後

①でも述べた特許庁への情報提供を行い、出願時に同じ発明が公表されていたのを見逃した等、本来なら登録されるべきでなかったという特許庁の判断を引き出し、特許の効力を失わせる。そのための手続として、以下の2種類がある。

・特許異議の申立て

誰でも、特許掲載公報の発行日から6月以内に限り、特許庁長官に対して申立てることができる(特許法113条)。特許異議申立ての審理は、書面によってのみ行われる(特許法118条1項)。

・特許無効審判

利害関係人に限り、いつでも、特許庁長官に対して申立てることができる(特許法123条2項)。特許無効審判の審理は、書面のほか口頭でも行われる。

〈令和元年改正法のポイント〉
①中立な技術専門家が現地調査を行う制度（査証）の創設（令和2年10月1日施行）
特許権の侵害の可能性がある場合、中立な技術専門家が、被疑侵害者の工場等に立ち入り、特許権の侵害立証に必要な調査を行い、裁判所に報告書を提出する制度を創設する。
② 損害賠償額算定方法の見直し（令和2年4月1日施行）
（ⅰ）侵害者が得た利益のうち、特許権者の生産能力等を超えるとして賠償が否定されていた部分について、侵害者にライセンスしたとみなして、損害賠償を請求できることとする。
（ⅱ）ライセンス料相当額による損害賠償額の算定に当たり、特許権侵害があったことを前提として交渉した場合に決まるであろう額を考慮できる旨を明記する。
※②については実用新案法、意匠法及び商標法において同旨の改正を実施。

〈令和3年改正法のポイント〉
①審判口頭審理のオンライン化（特許法145条）
②訂正審判等における通常実施権者の承諾要件見直し（特許法97条、127条）
③特許権侵害訴訟における第三者意見募集制度の導入（特許法105条の2の11）
④特許権等の権利回復要件の緩和（特許法36条の2）
⑤特許料等の料金体系見直し（特許法107条）
⑥印紙予納の廃止・料金支払方法の拡充
⑦災害等の理由による手続期間徒過後の割増料金免除（特許法112条）

〈令和5年改正法のポイント〉
①営業秘密・限定提供データの保護の強化（特許法186条）
②送達制度の見直し（特許法191条）
③書面手続のデジタル化等のための見直し（特許法43条）
④手数料減免制度の見直し（特許法195条の2）

過去問

令和5年度　第9問　特許権の効力　　令和5年度　第11問　特許権の効力
令和5年度　第14問　特許権の効力
令和4年度　第9問　特許法
令和3年度　第11問　特許権侵害・発明実施
令和2年度　第12問　実用新案法と特許法の比較
令和2年度　第13問　特許法の先使用権及び新規性喪失
令和元年度　第13問　特許権　　令和元年度　第15問　産業財産権法

# **A** **論点7** 実用新案制度の概要

**ポイント**

実用新案権は、「物品の形状、構造又は組合せ」に関する小発明に対して独占的な権利を付与するものである。特許権との大きな違いは、実質的な内容の審査を行わずに権利が付与されることである。

## **1** 実用新案制度の目的

　実用新案制度の目的は「物品の形状、構造又はその組合せに係る考案の保護及び利用を図ることにより、その考案を奨励し、もって産業の発達に寄与すること」である（実用新案法1条）。

　実用新案制度は特許と同様の制度であるが、物品に関する技術的な特徴が産業上役立つことも多く、日常生活の便宜を増大することから、いわゆる小発明に早期に権利付与を行うために設けられた。

## **2** 実用新案法における「考案」

　「考案」とは、「自然法則を利用した技術的思想の創作」である。実用新案権による保護対象は、産業上利用できる「物品の形状、構造又は組合せに係る考案」に限定される。したがって、「方法」や「物質」は、実用新案法の保護対象にはならない。

### 【「物品の形状、構造又は組合せ」に該当しないものの例】

| |
|---|
| ①方法のカテゴリーである考案 |
| ②組成物の考案 |
| ③化学物質の考案 |
| ④一定形状を有さないもの（例：道路散布用滑り止め粒） |
| ⑤動物や植物の品種 |
| ⑥コンピュータプログラム自体 |

## **3** 特許制度との違い

　最大の違いは、平成6年に採用された無審査登録制度である。実用新案権は、早期付与の観点から形式的な要件の充足のみで取得できるが、特許庁に「実用新案技術評価書」を請求し、これを提示して警告した後でなければ、権利を行使できない。その他の違いについて、次の図を参照されたい。

## 【 特許と実用新案の違い 】

| | 特許 | 実用新案 | |
|---|---|---|---|
| 保護対象 | 物、方法、物を生産する方法の発明 | 物品の考案に限定 | ・早期登録制度の採用<br>・紛争解決は当事者間の判断<br>・権利行使は当事者責任で |
| 実体審査 | 審査官が審査 | 無審査 | 早期登録の観点から、方式・基礎的要件の審査のみ行い、新規性・進歩性等の実体審査は行わない無審査登録制度を採用 |
| 権利の存続期間 | 出願から20年 | 出願から10年 | |
| 費用<br>(登録から3年分) | 約18万円 | 約2万円 | **実用新案出願手数料**<br>出願　14,000円<br>登録　2,100円+<br>　(100円×請求項数) / 年<br>　(1～3年まで) |
| 権利行使 | 排他的権利 | 技術評価書を提示して警告した後でなければできない | |
| 出願件数 | 年間約28万9千件 | 年間約4500件 | **技術評価書**<br>42,000円+<br>1請求項につき1,000円 |

※出願件数は2022年の数値。

出所：特許庁『2023年度知的財産権制度入門テキスト』

---

### 追加 ポイント

平成17年4月1日以降の出願から、より実用新案制度の魅力を向上させるための改正が行われた。そのポイントは以下の4点である。

① 存続期間の延長 (最長6年→最長10年)

② 登録料の低減

③ 訂正の許容範囲の拡大

④ 実用新案登録に基づく特許出願の許容

〈令和5年改正法のポイント〉

営業秘密・限定提供データの保護の強化 (実用新案法55条)

---

**過去問**

令和5年度　第10問　実用新案制度の概要

令和4年度　第8問　産業財産権法全般

令和4年度　第12問　実用新案法

令和2年度　第12問　実用新案法と特許法の比較

**A** **論点8** 実用新案権の取得手続と効力

### ポイント

> 実用新案制度においては、形式的な要件を満たしていれば権利を取得する
> ことができる。実用新案権の有効性を判断する材料として、実用新案技術
> 評価書があり、権利行使時にはこれを提示しなければならない。

### 1 実用新案権の取得手続

　実用新案制度においては、特許の場合と異なり、審査官による考案の新規性・
進歩性など具体的な実体審査は行われない。形式的な要件 (考案が物品の形状・
構造・組合せに係るものであること) を満たしていれば、実用新案権を取得す
ることができる。

　なお、出願する際には、3年分の登録料を一括納付しなければならず、この
点も特許とは異なる。

### 2 実用新案権の存続期間

　実用新案権は、設定登録時から権利が発生し、最長で出願から10年である
(実用新案法15条)。ただし、4年目以降も実用新案権を維持するためには、当
該年に入る前に次の年の登録料 (年金) を納付しなければならない。

### 3 実用新案権の効力

　特許権と同様に、実用新案権者も業として登録実用新案の実施をする権利を
有する。認められる実施の内容は、特許における「物の発明」の場合と同様で
ある。ただし、予め後述の実用新案技術評価書を取得し、提示しなければなら
ない。

### 4 実用新案技術評価書

　実用新案権は無審査で権利が付与されるため、権利行使にあたってはより高
度な注意義務が必要となる。そこで、実用新案権の有効性を判断する材料とし
て、実用新案技術評価書がある。実用新案技術評価書とは、特許庁が請求によ
り先行技術調査を行い、出願が登録要件を満たしているかどうかを評価した結

果を示す書面である（実用新案法12条1項）。

実用新案権を行使する場合には、実用新案技術評価書を提示して警告した後でなければならない（実用新案法29条の2）。この提示やその他相当の注意をしないで警告や権利行使をした後に、実用新案登録が無効になった場合には、相手方に与えた損害を賠償する責めを負う。

## 🟫 外国での権利取得

特許権については、国際出願によって複数の国に特許を出願したと同様の効果を得ることができる（詳しくは【論点23】を参照）。一方、外国で実用新案権を取得するための手続は、権利を取得したい国の特許庁に対して直接出願する方法のみである。

### 追加 ポイント

〈第三者からの実用新案技術評価請求〉
技術評価書の請求は、「何人も」、すなわち出願人のみならず第三者もすることができる（実用新案法12条1項）。これは、第三者にとっても権利の有効性が重大な関心事であることを考慮したものである。

過去問

令和4年度　第12問　実用新案法
令和3年度　第15問　産業財産権全般
令和2年度　第12問　実用新案法と特許法の比較
令和元年度　第15問　産業財産権法

# 論点9　意匠制度の概要

## ポイント

意匠制度は、形状、模様、色彩といった視覚に訴える意匠の創作を保護することによって、意匠の保護及び利用を図り、意匠の創作を奨励し、産業の発達に寄与することを目的とする。

## 1　意匠制度の目的

　意匠法は、意匠制度の目的を「意匠の保護及び利用を図ることにより、意匠の創作を奨励し、もって産業の発達に寄与すること」と規定する（意匠法1条）。

　特許法が自然法則を利用した技術思想の創作を保護しているのに対し、意匠法は形状、模様、色彩といった視覚に訴える意匠の創作を保護している。

## 2　意匠法における「意匠」

　意匠法では、「意匠」を、①物品（物品の部品を含む）の形状、模様若しくは色彩又はこれらの結合（以下「形状等」という）、②建築物（建築物の部分を含む）の形状等、③又は画像（機器の操作の用に供されるもの又は機器がその機能を発揮した結果として表示されるものに限り、画像の部分を含む）であって、視覚を通じて美感を起こさせるものと定義する（意匠法2条1項）。

### 【 意匠法の保護対象の例 】

乗用自動車　　　　ヘッドマウントディスプレイ　　　包装用容器

博物館　　　　　　商品購入用画像　　　　　時刻表示用画像

出所：特許庁『2023年度知的財産権制度入門テキスト』

## 3 保護対象となりうるもの

意匠法の保護対象として認められるためには、以下の4つの要件を満たさなければならない。

### 【 意匠法の保護対象 】

| 要件 | 意味 | 当てはまらない例 |
|------|------|------------------|
| ①物品と認められる | 有体物かつ動産であること | キャラクター、打ち上げられた花火 |
| ②物品自体の形態である | 物品の形を変えた結果ではなく、物品自体の形態であること | ナプキンで作った花、ネクタイの結び目 |
| ③視覚に訴える | 視覚すなわち肉眼で認識されること | 外から見えない機械の内部構造 |
| ④視覚を通じて美感を起こさせる | 美感を起こさせる必要があるが、美術品のような美しさは不要 | 粉状物の1粒、あるいは1単位 |

追加 ポイント

〈建築物・画像のデザインについて〉
意匠の定義における②建築物のデザイン、③画像のデザインは、令和元年改正法により対象に含まれたものである。改正以前は、これらは意匠法の保護対象には含まれていなかった。

過去問 過去5年間での出題はない。

## B 論点10 意匠の登録要件

出願された意匠のすべてが登録されるわけではない。審査官が意匠法で定められた意匠登録の要件について審査し、適格性を備えたものだけが意匠登録される。

### 1 意匠の登録要件

【論点9】で述べた意匠法上の「意匠」にあたり、意匠法の保護対象となりうるもののうち、さらに以下の要件を満たすものだけが、意匠権の登録を受けることができる。

### 【 意匠の主な登録要件 】

| 要件 | 説明 | 認められない例 |
|---|---|---|
| ①工業上の利用可能性 | 意匠法の目的は産業の発達なので、工業上利用できる（反復して量産できる）ことが必要。 | 自然物、純粋芸術品、一品生産的な美術工芸品など |
| ②新規性 | 出願前に同一または類似の意匠が公に知られていないことが必要。（ただし、特許と同様に「新規性喪失の例外」の規定がある。） | 刊行物やインターネットなどで公開済のもの |
| ③創作非容易性 | 容易に創作された意匠に排他的権利を与えると産業発達の妨げになる。 | エッフェル塔をヒントに考えついた、エッフェル塔の置物 |
| ④意匠登録を受けることができない意匠でないこと | ①公序良俗に反するものや②他人の業務に係る物品等と混同を生ずるおそれがあるもの、③物品の機能確保等のために不可欠な形状のみからなるものは不可。 | 各国元首の像や国旗、皇室や外国の王室の紋章など |
| ⑤同一または類似の意匠の中で先に出願されたこと | 同一または類似の意匠について2つ以上の出願があった場合は、最先出願人の出願のみが登録される。 | 先願の意匠の全部または一部と、同一または類似であるもの |
| ⑥一意匠一出願の原則にかなうこと | 意匠は物品ごとに成立するものである。 | 自動車と自動車おもちゃをまとめて出願 |

## 2 特殊な意匠① ── 秘密意匠

　秘密意匠制度とは、登録から最長３年を限度として登録意匠の内容を秘密にできる制度であり、産業財産権の中で意匠権だけに認められる。意匠は公開されると一目で内容がわかり、模倣されやすい。そこで、一定期間内は他者に自社の意匠の内容を示す図面および物品や意匠分類が公開されないようにし、新製品発表まで他者の模倣を避けられる制度が設けられた（意匠法14条）。

　従来、秘密にすることを請求できる時期は出願時に限定されていた。しかし、秘密意匠制度による保護の強化を図るため、平成18年改正法にて、出願時だけではなく、審査が終了し登録料を納付する際にも秘密にすることを請求できるようになった。

## 3 特殊な意匠② ── 部分意匠

　部分意匠制度とは、商品の部分に係る意匠を保護する制度である。物品の全体から物理的に切り離せない部分であって、特にその部分にデザイン上の特徴がある形状や、物品全体として出願するとその特徴部分の評価が埋没してしまう形状について意匠登録を受けたい場合に有効である。部分意匠制度は、特徴ある部分を第三者に模倣されることを防止するのに有効である。

　部分意匠においては、意匠登録を受けようとする部分を実線で、その他の部分を破線で描く等により、部分意匠として登録を受けようとする部分を特定する。

### 【 部分意匠の登録例 】

運動靴
登録第1303974号

ボトル
登録第1329280号

電機掃除機本体
登録第1364277号

出所：特許庁『2023年度知的財産権制度入門テキスト』

## 4 特殊な意匠③ ── 組物の意匠

　組物の意匠とは、同時に使用される２つ以上の物品であって、組成物品に全体として統一性がある場合に、複数の物品の組み合わせを全体として１つの意匠と認め、意匠権を付与する制度である（意匠法８条）。たとえば、「一組の飲

食用具セット」として意匠登録を受けた場合は、全体として１つの意匠となり、当該意匠権の効力はナイフのみの意匠には及ばない。

【 組物の意匠の例 】

一組の飲食用具セット

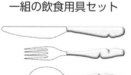

一組の家具セット

出所：特許庁『2023年度知的財産権制度入門テキスト』

## 5 特殊な意匠④ ─ 内装の意匠

内装の意匠とは、複数の物品（机、いす等）や建築物（壁や床等の装飾）、画像から構成される内装デザインについて、全体として統一感がある場合に、内装全体を１つの意匠と認め、意匠権を付与する制度である（意匠法８条の２）。

【 内装の意匠の例 】

幼稚園の教室

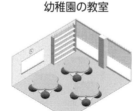

出所：特許庁『2023年度知的財産権制度入門テキスト』

## 6 特殊な意匠⑤ ─ 関連意匠

関連意匠とは、企業等が一貫したデザインコンセプトに基づいて製品等のデザインを長期的に進化させる取組を保護するため、本意匠と類似する意匠の登録を認める制度である（意匠法10条１項）。関連意匠として登録された意匠は、各々独自に権利を行使することが可能である。

関連意匠の出願可能期間は、令和元年改正法（令和２年４月１日施行）により、従来の「本意匠の登録公表日まで（８か月程度）」から、「本意匠の出願日か

ら10年以内まで」と延長された。なお、関連意匠の存続期間は、(関連意匠の出願日ではなく) 本意匠の出願日から25年である (意匠法21条2項)。

　また、令和元年改正法により、関連意匠を新たな本意匠として、関連意匠にのみ類似する意匠を登録することも可能となった。関連意匠にのみ類似する意匠の出願可能期間は、最初の本意匠 (これを「基礎意匠」という) の出願日から10年以内である。また、存続期間は基礎意匠の出願日から25年である。

### 【 関連意匠の例 】

出所：特許庁『令和元年意匠法改正の概要』

**追加 ポイント**

〈秘密意匠の公開〉
秘密意匠は、出願人が指定した秘密期間が経過すると、改めて願書や願書添付図面などの記載内容を掲載した意匠公報が発行される。

**過去問**
令和3年度　第9問　意匠登録制度
令和元年度　第12問　意匠法における新規性

# A 論点11 意匠権の取得手続と効力

## ポイント

意匠法には審査請求制度がなく、原則としてすべての出願が審査される。また、出願公開制度がなく、登録後に意匠公報が発行されるまで、出願した意匠が公開されることはない。意匠権を取得すると、業として登録意匠及びこれに類似する意匠を実施する権利を、最長で出願時から25年間維持できる。

## ◼ 意匠権の取得手続

意匠法には、特許法のような審査請求制度はないため、原則としてすべての出願が審査される。さらに登録前に出願内容を公開する制度もない。登録後に意匠公報が発行されるまで、出願した意匠が公開されることはない。

なお、登録後最長3年間は図面等を公開しないことができる（秘密意匠制度、【論点10】を参照）。

**【 意匠出願から意匠権取得までの流れ 】**

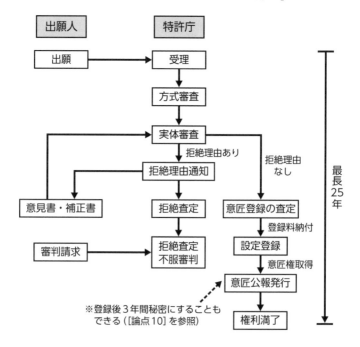

## 2 意匠権の存続期間

意匠権は、設定登録時から発生し、毎年の登録料を納付することにより、最長で出願時から25年間維持できる（令和元年改正法の施行日以前の出願は登録日から最長20年間、平成19年3月31日以前の出願は登録日から最長15年）。

## 3 意匠権の効力

意匠権者は、業として登録意匠及びこれに類似する意匠を実施する権利を専有する（意匠法22条）。つまり、自分だけがそのデザインの物品を製造・販売でき、他人が無断で同一及び類似のデザインの物品を製造・販売した場合には、意匠権を侵害するものとして、侵害行為の差止や予防を請求することができる（意匠法37条1項）。また、不法行為による損害賠償（民法709条）や不当利得の返還（民法703条）を請求することもできる。

意匠権の効力には、商標権と比較して、類似するものにまで実施権が及ぶ点に特徴がある。意匠の同一・類似性は形態と物品の両方から判断される。たとえば、「乗用自動車」と「自動車おもちゃ」では、形態が類似であっても物品は非類似であるため、「自動車おもちゃ」として新規性がないとは限らない。

### 【 意匠権の効力 】

| | | 物品 | | |
|---|---|---|---|---|
| | | 同一 | 類似 | 非類似 |
| 形態 | 同一 | 専用権 | 専用権 | × |
| | 類似 | 専用権 | 専用権 | × |
| | 非類似 | × | × | × |

**過去問**

令和4年度　第8問　産業財産権法全般
令和3年度　第15問　産業財産権全般
令和元年度　第10問　物の形状に関する意匠権、商標権、不正競争防止法
令和元年度　第15問　産業財産権法

# 論点12 商標制度の概要

ポイント

商標制度は、事業者が商品やサービスに付ける商標を保護することにより、商標使用者の信用を維持し、産業の発達と需要者の利益保護を図るものである。他の産業財産権と異なり、創造性は問われない。商標には、文字、図形、記号、立体的形状といったさまざまなタイプがある。

## 1 商標制度の概要

　私たちが商品やサービスを選択する際には、企業のマークや商品・サービスのネーミングである「商標」を目印の1つとする。商標制度の目的は、事業者が商品やサービスに付ける商標を保護することにより、商標を使用する者の業務上の信用の維持を通じて、産業の発達に寄与するとともに、需要者の利益を保護することである（商標法1条）。

## 2 商標法における「商標」

　商標とは、「人の知覚によって認識することができるもののうち、文字、図形、記号、立体的形状若しくは色彩又はこれらの結合、音その他政令で定めるもの」（商標法2条1項）であって、業として商品の生産や譲渡、役務の提供を行う者がその商品や役務について使用するものである。

### 【 各種の商標と例 】

| 文字商標 | 図形商標 | 立体商標 |
|---|---|---|
| 文字のみからなる商標（日本の消費者が一般に文字と理解できない場合は図形商標とされる）<br><br>SONY | 写実的なものの図案化、幾何学的な図形のみから構成される商標 | 立体的形状からなる商標 |

| 記号商標 | 結合商標 | |
|---|---|---|
| 文字を図案化し組み合わせた、記号的な紋章 | 異なる意味合いを持つ文字と文字や、文字、図形、記号、立体的形状の2つ以上を組み合わせた商標<br><br>TDK | |

平成26年改正法では、欧米等で既に広く保護対象となっている色彩や音といった新しい商標が保護対象に追加された。

### 【 平成26年改正法で新たに認められた商標 】

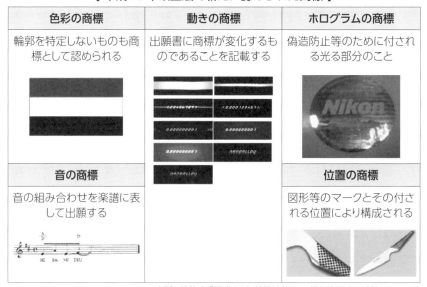

| 色彩の商標 | 動きの商標 | ホログラムの商標 |
|---|---|---|
| 輪郭を特定しないものも商標として認められる | 出願書に商標が変化するものであることを記載する | 偽造防止等のために付される光る部分のこと |
| 音の商標 | | 位置の商標 |
| 音の組み合わせを楽譜に表して出願する | | 図形等のマークとその付される位置により構成される |

出所：特許庁『平成26年特許法等の一部を改正する法律について』

### 3 「商品」の意義

商標法は、「商品」について定義規定を置いていない。このため、さまざまなものについて「商品」にあたるかが争われてきた。判例・学説は、4つの要素（①独立性、②有償性、③流通性、④動産性）がなければ、商標法上の商品とはいえないとしている。

### 4 「使用」の意義

商標の「使用」とは、「商品または商品の包装に標章を付する行為」、「商品または商品の包装に標章を付したものを譲渡、引渡、譲渡または引渡のために展示、輸出、輸入、電気通信回線を通じて提供する行為」などをいう。音の標章においては、商品の譲渡もしくは引渡または役務の提供のために音の標章を発する行為も「使用」に含む（以上、商標法2条3項1～10号）。

## 5 商標の機能

商標の機能は、①品質保証機能、②出所表示機能、③広告機能の3つである。

### 【 商標の3つの機能 】

ハート食品

**③広告機能**
その事業者の商品で
あることを需要者に
印象づけ、購買を喚
起させる。

**①品質保証機能**
長年の間に培われた
信頼が、需要者に「い
つも一定の品質を備え
ている」という信頼を
与える。

**②出所表示機能**
需要者に自社の商品
を他社の商品と区別
してもらえる。

追加 ポイント

個別の事業者ではなく団体が商標登録を受け、団体の構成員が商標を利用する制
度として、地域団体商標（【論点14】）がある。

過去問

令和5年度 第15問 商標制度の概要

（p.49からのつづき）

## 4．企業活動に関する法律知識

　民法（物権、債権、相続）、会社法（会社の種類（株式会社、合同会社等）、株式（種類と内容、株主等）、会社の機関（株主総会、取締役、取締役会、監査役、監査役会等）、会社の計算、合併、株式譲渡の制限、取締役の忠実義務）、金融商品取引法、独占禁止法、不正競争防止法、製造物責任法、消費者保護法、トレードシークレット、事業承継に関する法（経営承継円滑化法）、企業活動に関する国際条約（国際動産売買に関する条約、外国公務員に対する贈賄禁止に関する条約）、その他

## 5．資本市場へのアクセスと手続

　資本市場に関する基礎的知識（市場の種類、必要な届出書・通知書等の書式と根拠法）、有価証券報告書とディスクロージャー（有価証券報告書の内容と作成、インベスター・リレーションズ）、社債発行の手続、株式公開手続、その他

## 6．その他経営法務に関する事項

# A 論点13 商標の登録要件と取得手続

### ポイント

我が国の商標法は、登録主義と先願主義を採用している。登録を受けるためには、一定の基準を満たすことが必要である。取得手続には、他の産業財産権に共通する部分と、商標制度の目的から来る独自の部分がある。

## 1 登録主義と先願主義

　我が国の商標法は、「登録主義」(登録により商標権が発生する)、及び「先願主義」(同一の商標が複数出願された場合、最初の出願者に商標権を付与する)を採用し、まだ使用していない商標も登録できるとする。そのうえで、使用されていない登録商標については誰でも不使用取消審判を請求できるとしている。

## 2 商標の登録要件 (商標登録を受けることができない商標)

### ① 自己と他人の商品・役務を区別することができないもの (商標法3条)

　商標は、自己と他人の商品・役務を区別するために用いられるため、自他商品識別力のない商標は登録を受けることができない。ただし、当該マークを使用し続けた結果、全国的に有名になったものは、例外的に登録可能である。

**【 自他商品識別力のない商標 】**

| 種別 | 例 |
|---|---|
| 商品・役務の普通名称 | パソコンに関する「パソコン」 |
| 慣用されている商標 | 清酒に関する「正宗」 |
| 産地や品質等の表示 | 肉製品に関する「炭焼き」 |
| ありふれた氏、名称 | 「佐藤商店」 |
| 極めて簡単かつありふれた商標 | 「AB」 |
| その他、需要者が誰の業務に係る商品または役務であるか認識できないもの | 標語 (キャッチフレーズ) など |

### ② 公共の機関のマークと紛らわしい等、公益性に反するもの

　我が国及び外国の国旗、国際機関の紋章 (例：赤十字のマーク) 等と同一または類似の商標などは、公益性に反するため登録を受けられない。

### ③ 他人の登録商標または周知・著名商標等と紛らわしいもの

　他人の氏名・名称・著名な芸名・略称等を含む商標、周知された他人の商標

と同一または類似の商標であって同一または類似の商品・役務に使用するもの、他人の業務に係る商品または役務と出所の混同が生ずるおそれのある商標は、登録を受けられない。

## ❸ 商標権の取得手続

　商標出願は「指定商品又は指定役務並びに商品及び役務の区分」を指定して行う。特許とは異なり、商標登録出願の内容は出願後すぐに公開される。

　商標制度には審査請求制度はなく、出願されたものすべてが審査される。特許庁の審査官が審査し、拒絶の理由がない場合は登録査定を行う。登録査定後30日以内に登録料を納付すると、商標権が発生する。

**【 商標出願から商標権取得までの流れ 】**

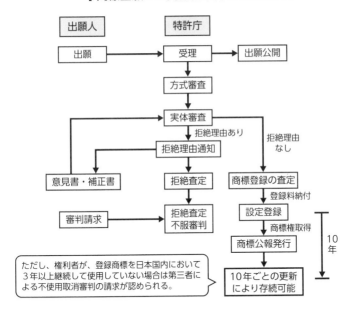

他人が商品・役務について登録を受けた商標は、（独法）工業所有権情報・研修館が提供する「特許情報プラットフォーム (J-Plat Pat)」で調査できる。

〈令和5年改正法のポイント〉
①コンセント制度の導入
他人が既に登録している商標と類似する商標は登録できないが、先行商標権者の同意があり出所混同のおそれがない場合には登録可能にする (商標法4条)。
②他人の氏名を含む商標の登録要件の緩和
自己の名前で事業活動を行う者等がその名前を商標として利用できるよう、氏名を含む商標も、一定の場合には、他人の承諾なく登録可能にする (商標法4条)。

| 過去問 | |
|---|---|
| | 令和5年度 第13問 商標の登録要件と取得手続 |
| | 令和5年度 第15問 商標の登録要件と取得手続 |
| | 令和4年度 第8問 産業財産権法全般 |
| | 令和3年度 第15問 産業財産権全般 |
| | 令和元年度 第10問 物の形状に関する意匠権、商標権、不正競争防止法 |
| | 令和元年度 第15問 産業財産権法 |

# A 論点14 商標権の効力と特殊な商標

### ポイント

商標権は登録の日から10年間存続し、10年ごとに更新して存続できる。商標権者は登録商標については独占的に使用する権利（専用権）、類似指定商品・役務については他者の使用を排除する権利（禁止権）を有する。また、特殊な商標として、地域団体商標、小売等役務商標がある。

## 1 商標権の効力

商標権の存続期間は登録の日から10年である（商標法19条）。その後は10年ごとに更新を繰り返すことで半永久的な権利として存続できる（同法20条）。

商標権者は、指定商品・役務について登録商標を独占的に使用できる（専用権、商標法25条）。さらに、自己の登録商標の指定商品・役務と類似の商品・役務について、他人が同一または類似の商標を使うことを排除できる（禁止権、商標法37条1項）。

この専用権と禁止権により、権利を侵害する者に対して、侵害行為の差し止め、損害賠償等を請求することができる。

### 【 商標権の効力 】

| | | 指定商品または役務 | | |
|---|---|---|---|---|
| | | 同一 | 類似 | 非類似 |
| 商標 | 同一 | 専用権 | 禁止権 | × |
| | 類似 | 禁止権 | 禁止権 | × |
| | 非類似 | × | × | × |

## 2 先使用権

商標権者（他人）がその商標を出願する前から、自分が同一または類似の商標を使っており、しかも需要者に周知されている場合は、引き続きその商標を使うことができる（先使用権、商標法32条）。ただし、商標権者は、先使用権者に対し、登録商標との混同を防ぐために適切な表示を付すことを請求できる。

## 3 特殊な商標① ― 地域団体商標 （商標法7条の2）

地域団体商標とは、地域の事業協同組合や農業協同組合などが、地域ブランドを用いて他地域の商品・サービスと差別化し、地域産業の活性化や地域おこ

しに役立てる目的で設けられた制度である。

平成26年改正法では、近年新たな地域ブランド普及の担い手となっている商工会、商工会議所及びNPO法人が地域団体商標制度の登録主体に追加され、地域ブランドのさらなる普及・展開が図られた。

## 【 地域団体商標制度のポイント 】

| ①登録出願が可能な団体 | 法人格を有する事業協同組合や特別の法律により設立された組合、商工会、商工会議所、NPO法人並びにこれらに相当する外国の法人 |
|---|---|
| ②商標の種類 | 地域の名称と商品または役務の名称の組み合わせからなる文字商標<br>(例:「江戸切子」、「松阪牛」、「関さば」) |
| ③周知性 | 全国的な知名度を要せず、複数都道府県に及ぶ程度の周知性があれば可 |
| ④登録名義人と利用者 | 団体の名義で商標登録され、その団体の構成員が使用(譲渡や専用実施権の設定は不可) |

## 4 特殊な商標② ― 小売等役務商標 (商標法2条2項)

従来、小売業者が取り扱う商品について商標法の保護を受けるには、指定商品(食肉、菓子、野菜など)ごとに登録出願しなければならなかった。また、小売業者のサービスは当該サービスに対して直接的対価を支払うものではないため、商標法の「役務」には該当しないとされていた。

平成19年に施行された小売等役務商標制度により、店舗の看板、商品の品揃え・陳列、店員の制服、買い物かごなど、小売業者等の総合的なサービス活動全体に用いるマークを1つの「役務商標」として登録出願できるようになり、簡易かつ安価に商標権による保護を受けることが可能となった。

### 追加 ポイント

上記 4 小売等役務商標の指定役務は、「飲食料品の小売又は卸売の業務において行われる顧客に対する便益の提供」のように記入する。

過去問

令和3年度 第12問 地域団体商標　　令和3年度 第13問 先使用権
令和2年度 第8問 産業財産権の制度比較
令和2年度 第11問 不正競争防止法における周知表示混同惹起行為と商標権侵害
令和元年度 第14問 商標権における先使用権

## 論点15　不正競争防止法の概要と不正競争行為の類型

**ポイント**

不正競争防止法は、事業者間の公正な競争と国際約束の的確な実施を確保し、これにより国民経済の健全な発展に寄与することを目的とする。他の知的財産法が権利創設により知的財産の保護を図るのに対し、不正競争防止法は行為規制により知的財産の保護を図る。

### 1 不正競争防止法の目的

　不正競争防止法は、「事業者間の公正な競争」と「国際約束の的確な実施」を確保することを直接的な目的とし、これにより「国民経済の健全な発展に寄与すること」を最終的な目的とする（同法1条）。

　不正競争防止法は、特許法、商標法などと同様に知的財産法に属するものである。特許法、商標法等が客体に権利を付与すること（権利創設）により知的財産の保護を図るのに対し、不正競争防止法は「不正競争」に該当する行為を規制すること（行為規制）により知的財産の保護を図る。

### 2 不正競争行為① ― 周知な商品等表示の混同惹起行為（同法2条1項1号）

　他人の商品・営業の表示（商品等表示）として需要者の間に広く認識されている（周知）ものを使用し、または使用した商品を譲渡等し、その他人の商品・営業と混同を生じさせる行為をいう。

　ここにいう「商品等表示」とは「人の業務に係る氏名、商号、標章、商品の容器もしくは包装その他の商品または営業を表示するもの」（不正競争防止法2条1項1号）をいい、文字やマークに限らず、自他識別機能または出所表示機能を有するものはこれに該当する。

　判例で「商品等表示」にあたるとされたものとして、学校法人の名称、俳優の芸名等がある。一方、「尿素」「ヒアルロン酸」等の成分表示は、商品の品質・内容を示す表示であって、商品の出所を示す表示ではないため、表品等表示にあたらないとされる。

　「周知」は、全国的でなく一地方で知られていれば足りるとされる。また、「混同を生じさせる」とは、実際に混同が生じる必要はなく、混同のおそれが生じ

れば足りるとされる。

　有名な事例として、かに料理屋の名物「動くかに看板」と類似した看板を使用した同業者に対し、看板の使用禁止及び損害賠償が認められた事件（大阪地方裁判所昭和62年5月27日判決）がある。

### 3 不正競争行為② ── 著名な商品等表示の冒用行為（同法2条1項2号）

　他人の商品・営業の表示として著名なものを、自己の商品・営業の表示として使用する行為をいう。著名な表示については、混同の発生を要件とすることなく、無断で使用する行為（他者のブランドへのただ乗り、出所表示機能の希釈化、良質感の汚染など）を規制するものである。ここにいう「著名」とは、通常の経済活動において、相当の注意を払うことによりその表示の使用を避けることができる程度、具体的には全国的に知られていることを要する。

　本類型の特徴は、被冒用者と冒用者の間に直接の競業関係がなく、需要者に混同が生じない場合であっても保護されうることである。たとえば、高級香水等で著名なシャネル社が、「スナックシャネル」を経営する者に表示の差し止めと損害賠償を請求し、認められた事例（東京地方裁判所平成20年3月12日判決）がある。

### 4 不正競争行為③ ── 他人の商品形態の模倣品の提供行為（同法2条1項3号）

　他人の商品の形態を模倣した商品を譲渡等する行為をいう。「商品の形態」とは、商品の形状や色彩等のことをいう。「模倣」とは、すでに存在する他人の商品の形態に依拠して、これと実質的に同一の形態の商品を作り出すことである。

　ただし、日本国内において最初に発売した日から3年を経過した商品の形態を模倣した商品の譲渡等、または模倣品であることを重大な過失なく知らずに譲渡等した場合、民事的救済や刑事制裁の対象外となる。

〈不正競争防止法が定める他の不正競争行為類型（主なもの）〉
・原産地・品質等に関する誤認惹起行為（同法2条1項20号）
　商品、役務やその広告等に、原産地、品質、内容等について誤認させるような表示をする行為。
・信用毀損行為（同法2条1項21号）
　競争関係にある他人の信用を害する虚偽の事実を告知し、又は流布する行為。

〈平成30年改正のポイント〉
①「限定提供データ」の不正取得・使用等に対する民事措置の創設【新規】
　（同法2条1項11号〜16号、2条7項、19条1項8号）
→ID・パスワード等により管理しつつ、相手方を限定して提供するデータ（「限定提供データ」）を不正に取得・使用・提供する行為を、新たに「不正競争行為」に位置づけ、これに対する民事上の救済措置（差止請求権等）を設けた。
②「技術的制限手段」の効果を妨げる行為に対する規律の強化【改正】
　（第2条第1項第17号・18号、第2条第8項、第19条第1項第9号）
→いわゆる「プロテクト破り」（技術的制限手段の効果を妨げる行為）を助長する不正競争行為の範囲を、プロテクトを破る機器の提供だけでなく、代行サービスの提供等に拡大。
③証拠収集手続の強化【改正】（第7条）
→特許法等と同様に、裁判所が書類提出命令を出すに際して非公開（インカメラ）で書類の必要性を判断できる手続を創設するとともに、技術専門家（専門委員）がインカメラ手続に関与できるようにした。

〈令和5年改正法のポイント〉
①デジタル空間における模倣行為の防止（不正競争防止法2条1項3号）
②営業秘密・限定提供データの保護の強化（不正競争防止法2条7項、5条）
③外国公務員贈賄に対する罰則の強化・拡充（不正競争防止法21条11項）
④国際的な営業秘密侵害事案における手続の明確化（不正競争防止法19条の2）

**過去問**

令和5年度　第12問　不正競争防止法
令和4年度　第11問　不正競争防止法
令和3年度　第8問　不正競争防止法
令和2年度　第11問　不正競争防止法における周知表示混同惹起行為と商標権侵害
令和2年度　第14問　不正競争防止法
令和元年度　第10問　物の形状に関する意匠権、商標権、不正競争防止法

**B** **論点16** 営業秘密の保護、民事的救済と刑事的措置

ポイント

不正競争防止法により、事業者の保有する情報のうち、秘密管理性、有用性、非公知性の３つを満たすものは、営業秘密として保護される。図利加害目的で行う営業秘密の侵害行為は、営業秘密侵害罪にあたる。

## **1** 不正競争行為④ ― 営業秘密の侵害行為

「営業秘密」とは、事業者の保有する情報（設計図、製造ノウハウ、顧客名簿、販売マニュアル等）のうち、以下の３つの要件を満たすものをいう。窃取・詐欺等の不正の手段によって営業秘密を取得し、自ら使用し、第三者に開示する行為等は、営業秘密の侵害行為となる（不正競争防止法２条１項４号～９号）。

### 【営業秘密の３要件】

| 要　件 | 内　容 |
|---|---|
| ①秘密管理性 | 従業員や外部者等の情報に接した者から見て、当該情報が客観的に秘密として管理されていると認められる状態にあること<br>（例　施錠による管理、パスワードの頻繁な変更、「マル秘」など秘密である旨の表示） |
| ②有用性 | 当該情報が事業活動に使用ないし利用され、客観的に見て事業活動に役立つものであること<br>（現実に利用されていなくても可。また、賄賂など違法行為に関する情報は、正当な事業活動ではないため有用性が認められない） |
| ③非公知性 | 保有者の管理下以外では、一般的に入手できない状態にあること<br>（特許出願された情報であっても、出願公開前であれば該当。学会等で公表したものは、特許法では新規性喪失の例外となるが、不正競争防止法では非公知性が失われる） |

## **2** 民事的救済措置

不正競争行為に対する主な民事的措置として、差止請求（不正競争防止法３条）、損害賠償請求（同法４条）、信用回復措置請求（同法14条）が可能である。これらの民事訴訟においては、被告が営業秘密を不正取得・使用したことを原告が立証できれば、訴訟対象となる製品は、被告が営業秘密を使用して生産したものと推定される。

### 3 刑事的措置

①営業秘密侵害罪

　営業秘密の不正な取得、使用、開示行為については、10年以下の懲役若しくは2,000万円以下の罰金、またはこれらの併科が規定されている。これに加え、営業秘密侵害により得た収益を没収する規定が定められている。また、営業秘密を海外に漏えいした場合は、雇用や下請企業への影響を鑑みて、国内より重い罰金が科される。

　なお、営業秘密侵害罪の成立には、すべて主観的要件として「図利加害目的」(不正の利益を得る目的または営業秘密の保有者に損害を加える目的) が必要である。このため、内部告発目的等をもってなされる正当な行為は、同罪を構成しない。

**追加 ポイント**

〈営業秘密侵害行為への対応〉
営業秘密の保護強化を目的として、平成27年7月に不正競争防止法の改正法案が可決された。改正点は下記のとおりである。
1.　刑事上・民事上の保護範囲の拡大
　　①営業秘密の転得者処罰範囲の拡大(3次取得者以降も処罰対象に追加)
　　②未遂行為も処罰の対象に
　　③営業秘密侵害品の譲渡・輸出入等を、処罰と差止・損害賠償請求の対象に
　　④国外犯の処罰拡大(海外で営業秘密を不正取得する行為を処罰の対象に)
2.　罰則の強化等による抑止力の向上
　　①罰金刑の上限引上げ(個人は2,000万円)、海外使用目的はさらに重罰化
　　②非親告罪化(被害者の告訴がなくても捜査・逮捕が可能)
　　③任意的没収規定の導入(裁判所の判断により、犯罪収益を没収可能)
3.　民事救済の実効性の向上
　　①立証責任転換による損害賠償請求等の容易化
　　②除斥期間の延長(差止請求ができる期間を10年から20年に)

〈営業秘密管理指針〉
平成27年1月に、被害側企業の要件を軽くする目的で、営業秘密管理指針の改正が行われ、下記の措置も秘密管理措置として認められるようになった。
　　①紙媒体及び電子ファイルへの「マル秘」表示やパスワード設定。
　　②個別の紙媒体(文書・ファイル) に直接秘密表示する代わりに、施錠可能なキャビネット等に保管すること。
　　②電子ファイルで記録媒体そのものに表示を付すことができない場合に、媒体を保管する箱やケースに「マル秘」表示を付すこと。

過去問
令和3年度　第8問　不正競争防止法
令和2年度　第14問　不正競争防止法

## B 論点17 著作権制度の概要

ポイント

著作権制度は、著作物について、公正な利用に留意しつつ、著作者の権利の保護を図り、文化の発展に寄与することを目的とする。小説、絵、音楽などを創作した者は誰でも「著作者」になる。職務上の創作については職務著作の制度があり、原始的に法人等が著作者とされる。

### 1 著作権法の目的

著作権法の目的は、著作物について、その公正な利用に留意しつつ、著作者の権利の保護を図り、文化の発展に寄与することである(著作権法1条)。

### 2 著作物とは

小説、講演、音楽、美術、舞踏、映画、コンピュータプログラムなど、創作物全般を広く含む(著作権法10条)。著作権法で保護の対象となる「著作物」の要件は、以下の4つである。

【「著作物」の要件】

| 要　件 | 当てはまらない例 |
|---|---|
| ①「思想又は感情」の表現である | 単なるデータ(財務諸表など) |
| ②「創作的」である | 他人の作品の単なる模倣、歴史的事実、情報の選択や体系的な構成に創作性がないデータベース |
| ③思想または感情を「表現」している | アイデア等(アイデアは特許や実用新案で保護される) |
| ④「文芸、学術、美術又は音楽の範囲」に属する | 農作物、工業製品 |

### 3 著作者とは

著作者とは著作物を創作した者を指し、創作活動を職業とする者に限らず、小説、絵、音楽などを創作すれば誰でも「著作者」になる。

また、著作物の創作を他者に委託した場合、有償・無償の別を問わず、実際

に著作物を創作した者（受注者側）が著作者となる。このため、発注者側が納品後にその著作物を利用するためには、そのための契約を交わしておくことが必要になる。

　著作権制度には職務著作の定めがあり、以下の要件をすべて満たした場合は、創作活動を行った個人ではなく、その者が属する法人等が著作者となる（著作権法15条）。

**【 法人等が著作者となるための要件 】**

| 要　件 | 注意点 |
|---|---|
| ①著作物を作る企画を立てるのが法人等（使用者）であること | 代表者の定めがあれば、法人格を有しない団体（自治会、PTA等）も「法人等」に含まれる |
| ②法人等の「業務に従事する者」の創作であること | 部外者への委嘱など、会社との間に支配・従属関係がない場合は該当しない |
| ③「職務上」の行為として作成されること | 直接命令された場合のほかに、業務に従事する者の職務上作成することが予定または予期される場合も含む |
| ④法人等の著作名義で公表されること | 通常公表せずに利用するもの（コンピュータプログラム等）においては、この要件を満たす必要がない |
| ⑤契約や就業規則に「職員を著作者とする」という定めがないこと | ⑤の定めがない限り、原始的に法人等が著作者になる |

**追加 ポイント**

〈特許法の「職務発明」と著作権法の「職務著作」の違い〉
特許制度においては、職務発明規程等であらかじめ定めた場合を除き、発明に関する権利は発明者個人に発生し、承継を受けない限り法人等の権利にはならない。また、権利の承継には法人等が相当の対価を支払うことになっている。これに対し、著作権制度においては、職務著作の要件（上述）を満たす限り、初めから法人等が著作者になる。また、法人等が創作者に対して特別な対価を支払う義務がない。

過去問
令和4年度　第10問　著作物
令和2年度　第9問　職務著作

# 論点18　著作者の権利①　著作権の体系、著作者の権利

著作権は「著作者の権利」と「実演家等の権利」に分かれ、「著作者の権利」はさらに「著作者人格権」と「著作財産権」に分かれる。このうち、「著作財産権」とは、著作物を他人が無断で使用することを禁じ、著作者の経済的利益を保護する権利である。

## 1 著作権の体系

著作権は下図のような権利から構成されている。「著作権」という用語は広狭さまざまな意義に用いられるため、注意を要する。

**【 著作権全体の体系 】**

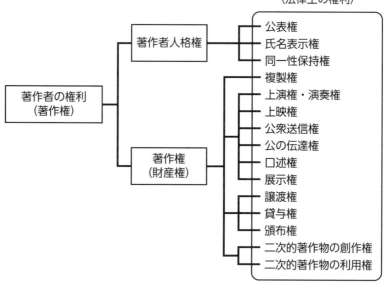

出所：文化庁『著作権テキスト―令和5年度版』

## 2 著作者の権利① ― 著作者人格権

一身専属的な人格的利益を保護する権利であり、譲渡・相続できないとされる（著作権法59条）。その内容として、以下の3つがある。

## 【 著作者人格権の内容 】

| ①公表権 | 公表の有無や公表の時期、方法を決定する権利 |
|---|---|
| ②氏名表示権 | 著作者名の表示の有無や表示のしかたを決定する権利 |
| ③同一性保持権 | 意に反して題名や内容の変更・切除等をされない権利 |

## 3 著作者の権利② ── 著作権（著作財産権、狭義の著作権）

　著作物について他人が無断で一定の行為をすることを禁じ、著作者の経済的利益を保護する権利である。この権利は譲渡・相続できる。具体的には以下の内容に分かれる（著作権法21条～28条）

### 【 著作権（著作財産権、狭義の著作権）の内容 】

| 直接またはコピーを使って公衆に伝えること（提示）に関する権利 | |
|---|---|
| ①複製権 | 著作物を無断で形のある物に再製されない権利（印刷、複写、録音、録画、ハードディスク等への蓄積など） |
| ②上演権・演奏権 | 著作物を無断で公衆に直接見せたり聞かせたりされない権利 |
| ③上映権 | 著作物を無断で公衆向けに上映されない権利 |
| ④公衆送信権 | 著作物を無断でテレビ・ラジオなどの放送やインターネット等により公衆に送信されない権利 |
| ⑤公の伝達権 | 公衆送信された著作物を、無断でテレビなどの受信装置を使って公衆に見せたり聞かせたりされない権利 |
| ⑥口述権 | 言語の著作物を無断で朗読などにより口頭で公衆に伝達されない権利 |
| ⑦展示権 | 美術および写真の著作物（原作品）を無断で公衆向けに展示されない権利 |
| コピーを使って公衆に伝えること（提供）に関する権利 | |
| ⑧譲渡権 | 著作物を公衆向けに譲渡されない権利 |
| ⑨貸与権 | 著作物を公衆に貸与されない権利 |
| ⑩頒布権 | 映画の著作物を無断で公衆に譲渡・貸与されない権利 |
| 二次的著作物の創作・利用に関する権利 | |
| ⑪二次的著作物の創作権 | 二次的著作物を無断で創作されない権利 |
| ⑫二次的著作物の利用権 | 二次的著作物を無断で利用されない権利 |

追加 | **ポイント**

〈近年の主な著作権法の改正点〉

平成30年改正では、①デジタル化・ネットワーク化の進展に対応した柔軟な権利制限規定の整備、②教育の情報化に対応した権利制限規定等の整備、③障害者の情報アクセス機会の充実に係る権利制限規定の整備、④アーカイブの利活用促進に関する権利制限規定の整備等が行われた。

令和2年改正では、Ⅰインターネット上の海賊版対策の強化として、①リーチサイト対策、②侵害コンテンツのダウンロード違法化、Ⅱ著作物の円滑な利用を図るための措置として、①写り込みに係る権利制限規定の対象範囲の拡大、②行政手続に係る権利制限規定の整備（地理的表示法・種苗法関係）、③著作物を利用する権利に関する対抗制度の導入、Ⅲ著作権の適切な保護を図るための措置として、①著作権侵害訴訟における証拠収集手続の強化、②アクセスコントロールに関する保護の強化等が行われた。

令和3年改正では、Ⅰ図書館関係の権利制限規定の見直しとして、①国立国会図書館による絶版等資料の利用者へのインターネット送信を可能とし、②各図書館等による図書館資料の利用者へのメール送信等が可能とされ、Ⅱ放送番組のインターネット同時配信等に係る権利処理の円滑化のための規定も定められた。

令和5年改正では、①著作物等の利用に関する新たな裁定制度の創設等（著作権法67条の3）、②立法・行政における著作物等の公衆送信等を可能とする措置（著作権法42条）、③海賊版被害等の実効的救済を図るための損害賠償額の算定方法の見直し（著作権法114条）の規定も定められた。

過去問

令和4年度　第15問　著作者人格権
令和元年度　第9問（設問1）著作権の譲渡
令和元年度　第9問（設問2）著作者人格権の譲渡

122

# 論点19 著作者の権利② 実演家等の権利

**ポイント**

実演家等の権利は、実演家人格権と著作隣接権に分かれる。実演家人格権とは、実演家の人格的利益を守る権利で、氏名表示権と同一性保持権からなる。著作隣接権とは、実演家、レコード制作者、放送事業者など著作物の伝達を担う者の権利である。

## 1 実演家人格権

実演家の人格的利益を守る権利であり、平成14年改正法で追加された。著作者人格権は、公表権、氏名表示権、同一性保持権の3つからなるが、実演家人格権は、「氏名表示権」(著作権法90条の2)、「同一性保持権」(同法90条の3) の2つであり、実演家には「公表権」が付与されていない。これは、実演が行われる際には公表を前提として行われる場合が多いことによる。

## 2 著作隣接権

著作物の伝達を担う、実演家、レコード制作者、放送事業者等の権利を、著作権に隣接するものとして保護するものである。著作隣接権者は、以下の4種類に限られ、プロであるか否かは問われない。

**【 著作隣接権者の範囲 】**

| ①実演家 | 著作物を演じる歌手、俳優など |
|---|---|
| ②レコード制作者 | 音に係る著作物を最初に固定 (録音)した者 |
| ③放送事業者 | 放送を業として行う者 |
| ④有線放送事業者 | 有線放送を業として行う者 |

著作隣接権者には、次の権利が認められている。許諾権とは、他人が「無断で○○すること」を差し止めることができる (条件を付けて他人が○○することを認める) 権利である。報酬請求権とは、他人がこれらの行為をする際に使用料を請求する権利である。

## 【 著作隣接権者の権利 】

| | | |
|---|---|---|
| ①実演家 | 許諾権 | 録音権・録画権<br>放送権、有線放送権<br>送信可能化権<br>譲渡権<br>貸与権 (レコード発売後1年間) |
| | 報酬請求権 | CD等の放送やレンタルについて使用料を請求できる権利 |
| ②レコード制作者 | 許諾権 | 複製権<br>送信可能化権<br>譲渡権<br>貸与権 (レコード発売後1年間) |
| | 報酬請求権 | CD等の放送やレンタルについて使用料を請求できる権利 |
| ③放送事業者 | 許諾権 | 複製権<br>再放送権、有線放送権<br>送信可能化権<br>テレビ放送の公の伝達権 |
| ④有線放送事業者 | 許諾権 | 複製権<br>放送権、再有線放送権<br>送信可能化権<br>有線テレビ放送の公の伝達権 |

### 追加 ポイント

〈著作隣接権者に含まれない者〉
上述 **2** のように、出版社は「著作隣接権者」に含まれない。これは、出版とは他人の著作物を印刷 (複製) して本という有形物を製作することであり、創作性が認められないという考え方による。出版社の権利は、著作者と出版社が出版権設定契約を結ぶことにより発生する「出版権」によって保護される (著作権法79～88条、【論点22】を参照)。
また、インターネットのプロバイダ (ISP) も、創作を行う者ではないとして、上述 **2** には含まれない。

過去問
過去5年間での出題はない。

# B 論点20 著作権の成立、存続、制限

## ポイント

> 著作権は、「申請」や「登録」といった手続を一切必要とせず、著作物が創られた時点で著作者に自動的に発生する。原則として、創作時から著作者の生存中及び死後70年まで存続する。著作権には一定の制限があり、私的目的のための複製などは、著作者に無断で行っても著作財産権の侵害にはならない。

## ■ 著作権の成立

　著作権は、「申請」や「登録」といった手続を一切必要とせず、著作物が創られた時点で著作者に自動的に発生する。

　ただし、著作権に関する登録制度も存在する。著作権の登録制度では、著作者の実名や第一発行日、（プログラムの場合は）創作年月日を登録できる。また、著作権・著作隣接権の移転等や著作権・著作隣接権を目的とする質権の設定等の権利変動については、登録が第三者への対抗要件となっている。

## ■ 著作権の存続期間

　著作権は、原則として、効力発生時（創作時）から著作者の生存中及び死後70年まで存続する（著作権法51条）。

　著作権（最広義）のうち、著作者人格権と実演家人格権は、一身専属的な権利とされ、著作者が死亡（法人等の場合は解散）すると権利が消滅する。

## ■ 著作権の制限

　著作権には一定の制限があり、著作者に無断で行っても著作財産権の侵害にはならない場合がある。

### 【著作権が制限される場合】

| ①私的使用 | 私的使用のための複製 |
|---|---|
| ②教育 | 教育機関での複製、検定教科書への掲載など |
| ③図書館 | 公立図書館等における複製、所蔵資料の電子化 |

| ④福祉 | 点訳のための複製など |
|---|---|
| ⑤報道 | 時事の事件の報道のための利用 |
| ⑥立法、司法、行政 | 立法、司法、行政のための内部資料としての複製 |
| ⑦非営利・無料の上演等 | 非営利・無料の上演、演奏、上映、本の貸出など |
| ⑧引用・転載 | 出所を明示したうえでの、正当な範囲内の引用・転載 |
| ⑨美術品等の展示 | 美術品等のオリジナルの所有者による展示 |
| ⑩デジタル化対応 | 情報解析に用いる場合、コンピュータ等で著作物を利用する場合のキャッシュやバックアップなど |
| ⑪コンピュータプログラム | プログラムの所有者による複製、修正・改良のためのバックアップ、機器交換等のための一時的な複製など |
| ⑫放送局等における一時的な録画 | 放送局や有線放送局が放送のために一時的に録画する場合 |

　上記のうち、特に「①私的使用」については注意が必要である。私的使用とは、個人的にまたは家庭内その他これに準ずる限られた範囲内における使用を指す。その範囲を超えた場合、営利・非営利の別や反復継続性を問わず、著作権侵害となる。

追加 ポイント

〈商標権と著作権の違い〉
商標権は、特許庁に対する出願、審査、商標登録により発生し、相手が商標権の存在を知っていたかどうかを問わず、効力が及ぶ（絶対権）。これに対し、著作権は、既存の著作物を知らずに他人が別個独立に創作した著作物には効力が及ばない（相対権）。
〈TPPに伴う著作権法改正〉
平成30年12月30日、TPP（環太平洋パートナーシップ協定）に伴う著作権法改正法が施行された。この改正により、①著作物の保護期間の延長（著作者の死後70年間まで）、②著作権侵害罪の一部非親告罪化、③アクセスコントロールの回避等に関する措置、④配信音源の二次使用に対する報酬請求権の付与、⑤損害賠償に関する規定の見直しが行われた。

過去問
令和5年度　第20問　著作権の制限
令和2年度　第15問　著作物の引用
令和元年度　第11問　著作権の保護期間

# B 論点21　産業財産権の利用に関する契約

**ポイント**

産業財産権の取得は、利益を確保するための手段であって目的ではない。取得後どのように活用して利益を確保するかを、研究開発時や出願時などの節目で十分に考えておき、必要であれば他者へのライセンス供与や権利の移転などの契約をすることも必要である。

## ■ 産業財産権の利用形態

　産業財産権の実施形態として、独占的排他権を活用した自己実施、売却による産業財産権の譲渡、他者への実施権の許諾（ライセンス契約）がある。

**【 産業財産権の利用形態 】**

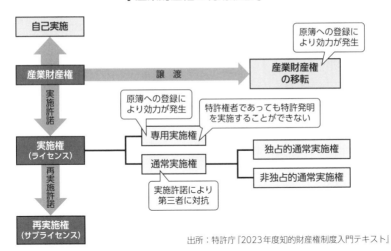

出所：特許庁『2023年度知的財産権制度入門テキスト』

## ② ライセンス契約とは

　ライセンスとは一般に、産業財産権者（ライセンサー）がライセンスを受ける側（ライセンシー）に対して、一定の条件の下に産業財産権の実施を許諾することを意味する。

　特許権を例にとると、ライセンサーには、①ライセンスの対価を得る、②特許権を得るために費やした研究開発投資を一部回収できる、というメリットがある。一方、ライセンシーには、①自社技術の補完により研究開発に費やす費

用や時間を節約できる、②価値ある発明を実施することによる利益を得られる、というメリットがある。

## ❸ ライセンス契約の類型

特許法上、ライセンス契約には、その権利を許諾された実施権者だけが独占的に実施できる「専用実施権」と、独占性のない「通常実施権」の2種類がある。

なお、平成23年改正特許法（平成24年4月1日施行）によって、特許権者から通常実施権の設定を受けた者は、特許権を譲り受けた第三者に対し、登録なくして自身の通常実施権を対抗できるようになった。

### 【 専用実施権と通常実施権の比較 】

|  | 専用実施権 | 通常実施権 |
|---|---|---|
| 実施権を与えることができる者（ライセンサー） | 特許権者のみ | 特許権者または専用実施権者 |
| 特許原簿への設定登録 | 効力発生要件及び第三者への対抗要件として必要 | 不要 |
| 実施権の性質（他人が発明を実施した場合） | 差止請求や損害賠償請求ができる | 差止請求や損害賠償請求はできない |
| ライセンサーの自己実施権の留保 | ライセンサー（特許権者）の実施権は留保できない | ライセンサー（特許権者）の実施権を留保できる |
| ライセンスの重複の可否 | 専用実施権の設定範囲については、実施権を設定・許諾できない | 通常実施権の許諾後も、専用実施権・通常実施権を第三者に設定・許諾できる |

出所：特許庁『2023年度知的財産権制度入門テキスト』（抜粋）

---

追加 ポイント

〈通常実施権の登録制度廃止（平成23年改正）の背景〉
技術の高度化・複雑化が進む中で、登録の手間とコスト面から、通常実施権の登録制度はほとんど利用されなかった。ライセンスの対象となった特許権が1つでも譲渡されると、企業が事業を差し止められ、大きな損失につながる。
そこで、通常実施権を適切に保護するため、登録を必要とせずに、特許権・専用実施権の譲受人や専用実施権の設定を受けた第三者に対し、登録なくして通常実施権を対抗できるとされた（特許法99条）。

---

過去問 令和3年度 第16問（設問1） ライセンス契約（1）
令和3年度 第16問（設問2） ライセンス契約（2）
令和元年度 第13問 特許権

# B 論点22 著作権の利用に関する契約

**ポイント**

ビジネスとして他人の著作物を利用する場合、権利者の了解を得ることが必要である。ただし、ビジネスの場合は、多くの著作物を継続的に利用し大量に複製・販売することになるため、これに適した契約を結ぶ必要がある。

## 1 著作権の譲渡

著作権は、著作物が創られた時点で、著作者に自動的に発生する(【論点20】を参照)。ビジネスとして他人の著作物を利用する場合には、権利者の了解を得ることが必要である。

実際には、著作権を利用したビジネスをより効率的に展開するため、著作権を譲り受けることが行われる。著作者人格権は一身専属的なものであるため譲渡できないが、著作権(著作財産権、狭義の著作権)は財産権であるため譲渡することができる(【論点18】を参照)。

この場合、著作者人格権については、契約の中で「改変を行う場合には予め著作者に内容確認の機会を与える」や「著作者人格権の行使はしない」などの定めをしておくと、後々のトラブルの防止に役立つ。

## 2 出版権

出版社などが著作権者と契約して書籍を出版する場合、出版権の設定契約をすることがある。出版社が他の出版社から別途出版されては困るという事情がある場合、「独占的出版契約」をすることができるが、著作権者がこの契約に違反して別途他の出版社と出版契約をした場合、著作権者に契約違反の責任を追及できるだけで、別途出版契約を結んだ他の出版社には責任を追及できない。

このような場合、出版権の設定契約を行っておけば、著作物を出版することに関する排他的権利を持つことができる。ただし、出版権の設定および移転については、登録しなければ第三者に対抗できない(著作権法79条~88条)。

## ❸ 商品化権 (Merchandising Rights)

商品化権とは、主にマンガやアニメーションのキャラクターを商品や広告などに利用して経済的利益を得る一種の財産権を指す。これは実務上の慣用語であり、法的に定義された権利ではない。キャラクターそのものは、著作物に該当すれば著作権法の保護対象となるが、商品化権については、著作権法をはじめとして複数の法律が適用されうるものの、いずれも網羅的に商品化権を保護しているわけではない。このため、他者にキャラクターの使用を許諾する場合は、使用許諾する対象およびその範囲を明確にし、その権利処理を慎重に行わなければならない。

なお、マンガやテレビ・映画の登場人物等の容貌や姿態などを商品化に利用する場合には著作権が及ぶが、キャラクターの名前は、著作物とはいえないため、それ自体は著作権による保護はない。

## ❹ ソフトウェアのライセンス契約

開発委託契約に基づき受託者によって開発されたプログラムの著作権は、受託者に原始的に帰属する。ソフトウェアの販売・納品とともに著作権がユーザーに移転するように感じられるが、法律上は当事者間の契約で特段の定めをしない限り、著作権は開発者側に留保される。

---

### 追加 ポイント

〈著作権の分割譲渡〉
著作権は分割して譲渡することもできる。たとえば、複製権などの著作財産権の一部の権利（支分権）の譲渡、期間を限定した譲渡、地域を限定した譲渡（例：米国における著作権）などの方法がある。

過去問　令和元年度　第9問（設問1）著作権の譲渡
　　　　令和元年度　第9問（設問2）著作者人格権の譲渡

## B 論点23 知的財産権に関する国際条約

### ポイント

> 産業財産権の効力は、その権利を取得した国の領地内に限られる。外国において特許権を取得する際に便利なものとして、特許協力条約 (PCT) に基づく国際出願がある。また、著作権については、ベルヌ条約により、加盟国の著作者が他の加盟国における自国民と同等の保護を受けることができる。

### ❶ 外国における特許権の取得 ── パリ条約と特許協力条約

産業財産権の効力は、その権利を取得した国の領地内に限られ、他国には及ばない (属地主義)。そのため、外国において産業財産権を取得したいのであれば、権利を取得したい国に出願しなければならない。最も重要な特許権を例にとると、主に次の2つの方法がある。

#### ① 外国特許庁への直接出願

特許の出願はすべてその国の国内法令に基づき、決められた様式及び言語で出願書類を作成して行う。この方法では、各国で出願方法や言語が異なるため、同時に出願日を確保したい出願人にとって負担が大きい。そこで、「パリ条約」に基づく優先権制度を利用すると便利である。

パリ条約は、1883年に成立した工業所有権に関する条約であり、日本を含め特許制度を有するほとんどの国が加盟している。これにより、加盟国 (第1国) に特許を出願すると、12ヵ月間の優先権が認められ、後に出された別の加盟国 (第2国) への特許出願に関する新規性などの判断につき、先の出願日にしたのと同様の効果を受けることができる。

#### ② 特許協力条約 (PCT) に基づく国際出願

「特許協力条約 (PCT)」とは、特許の保護に関する国際条約であり、自国特許庁への1つの出願で、複数の国において同日に特許出願したのと同等の効果を得られる制度である。このPCTによって、後に他国の国内手続による審査が免除されるわけではないが、国内手続への移行までにパリ条約よりも長い期間 (30ヵ月、国によっては20ヵ月) が定められており、発明の価値の検討や翻訳文の作成などを慎重に行うことができる。

## 2 外国における意匠権の取得 ── ジュネーブ改正協定 (ハーグ国際出願)

　意匠の国際登録に関する協定として、パリ条約に基づいて1925年に初めて作成された「意匠の国際登録に関するハーグ協定」がある。

　その後、2003年12月に発効した「ジュネーブ改正協定 (Geneva Act)」では、各国別の出願手続を一元化し、世界知的所有権機関 (WIPO) 国際事務局への1つの出願手続により、指定した国それぞれに出願した場合と同等の効果を得ることができるとした。これにより、複数国において意匠登録を行う際に必要な手続の簡素化および経費の節減が図られる。

　ジュネーブ改正協定による国際出願では、出願日から12ヵ月後に国際公開された後、無審査国では審査を経ずに権利の効果が発生する。実体審査国では国際公開後遅くとも12ヵ月以内に審査を行い、登録されると権利の効果が発生する。保護期間は、国際登録の日から5年ごとの更新により、最低15年間である。

　同協定は、EU、米国、韓国を含む67の国と政府系機関が参加している (2022年1月現在)。

　日本企業にとっても、グローバルな競争において、模倣被害を防止しつつ優れたデザインの製品をアピールし、企業の競争力を高めていくことは重要であり、近年は海外での意匠権取得が増加している。このため、日本でもジュネーブ改正協定への加入準備が進められ、2014年5月に国会で承認された。

　平成26年の意匠法改正において、複数国に対して意匠を一括出願するための規定と、わが国における保護を求める出願について協定に基づき適切に審査等するための規定について、整備がなされた。

## 3 外国における商標権の取得 ── マドリッド協定議定書 (マドプロ出願)

　上述のパリ条約には、商標権に関する定めもあり、加盟国 (第1国) に商標の出願をした者が6ヵ月以内に別の加盟国 (第2国) に同一の出願をした場合、第1国での出願の時を基準として優先権が認められる。ただし、出願手続そのものは各国で行わねばならず、登録費用も国ごとに必要となる。

　こうした不便さを解消するものとして、「マドリッド協定議定書」がある。同議定書では、本国での出願または登録に基づいて日本国特許庁を通じ世界知的所有権機関 (WIPO) に国際出願し、国際登録を受けることにより、指定国で商標の保護を受けることができる。

## ◢ 著作権に関するベルヌ条約

「ベルヌ条約」とは、1886年に締結された著作権に関する基本的な条約であり、正式名称を「文学的及び美術的著作物の保護に関するベルヌ条約」という。

同条約では、内国民待遇（加盟国が外国人の著作物を保護する場合に、自国民に与えている保護と同等かそれ以上の保護を与えなければならない）、無方式主義（著作権の享有には、登録、作品の納入、著作権の表示など、いかなる方式も必要としない）などの原則を定める。

---

**追加 ポイント**

〈近年の国際条約に関する動き〉
以下の2点を押さえておきたい。
・特許法条約（PLT）…各国で異なる国内手続きを統一化・簡素化するとともに、手続き上のミスによる特許権の喪失を回復する等の救済措置を設け、出願人の便宜が図られている。日本では、2015年6月に国会で締結が承認され、2015年7月に実施に必要な特許法の一部改正が行われた。
・商標法に関するシンガポール条約（STLT）…商標出願手続の国際的な制度調和と簡素化を図る「商標法条約」（1994年採択）に、①出願方法の多様化への対応（書面出願に加え電子出願が可能に）、②商標出願手続の更なる簡素化と調和（商標ライセンス等の登録手続を共通化）、③商標出願に関連する手続の期間を守れなかった場合の救済措置などを加えて、2006年に採択された。日本では、2015年6月に国会で締結が承認され、2015年7月に実施に必要な商標法の一部改正が行われた。

**過去問**
令和4年度　第13問　商標権に関する国際条約
令和3年度　第14問　特許協力条約（PCT）
令和2年度　第10問　パリ条約

# 取引関係に関する法務知識

| 第1章 | 債権と契約 |
| 第2章 | 外国企業との取引 |
| 第3章 | 各種の契約 |

**A 論点1** 債権の意義と発生原因

### ポイント

債権とは、ある人（債権者）が他のある人（債務者）に対し、一定の行為を請求する権利である。債権は大きく分けて、契約により発生する債権と契約によらずに発生する債権に分かれる。

なお、民法の債権関係の規定については、およそ120年ぶりとなる大幅な改正が行われた。改正法は2020年4月1日より施行されており、以下の記述は改正法を反映したものとなっている。

### 1 債権と債務

債権とは、ある人（債権者）が他のある人（債務者）に対し、一定の行為を請求する権利である。債権は人に対する間接的な権利であり、原則として排他性はない。この点で、人ではなく物に対する権利であり、直接的・排他的な権利である「物権」（Ⅳ【論点1】）と対比される。

ある債権に対応して、特定の人に対し一定の行為をしなければならない法的義務のことを「債務」という。

【 債権と債務（自動車の売買の場合）】

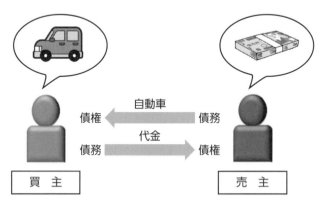

### 2 債権の発生原因

私法の一般法（最も基本的な法律）である民法では、債権の発生原因として契約とそれ以外（事務管理・不当利得・不法行為）を定めている。

【 債権の発生原因 】

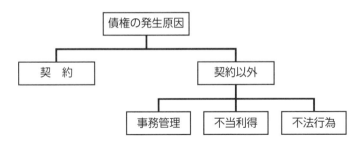

## ❸ 債権の種類

民法では、債権の種類を次のように定めている。

【 民法の定める債権 】

| ①特定物債権 | 特定物（中古品、不動産など）の引渡を目的とする債権 |
|---|---|
| ②種類債権 | 一定の種類に属する個性のない物の一定量（例：ある銘柄の缶ビール10箱）の引渡を目的とする債権 |
| ③金銭債権 | 一定額の金銭の支払を目的とする債権 |
| ④利息債権 | 利息の支払を目的とする債権 |
| ⑤選択債権 | 個性のある数個の中からいずれかを選択して引渡することを内容とする債権 |

### 追加 ポイント

〈改正債権法のその他の改正項目〉
本書に記載しきれなかった改正債権法のその他の主な改正項目は次のとおりである。改正項目については法務省のウェブサイトにて解説されているため、一度目を通しておこう。①消滅時効に関する見直し②法定利率に関する見直し③債権譲渡に関する見直し④約款（定型約款）に関する規定の新設⑤意思能力制度の明文化⑥意思表示に関する見直し⑦代理に関する見直し⑧債務不履行による損害賠償の帰責事由の明確化⑨契約解除の要件に関する見直し⑩原始的不能の場合の損害賠償規定の新設⑪連帯債務に関する見直し⑫債務引受に関する見直し⑬相殺禁止に関する見直し⑭弁済（第三者弁済）に関する見直し⑮賃貸借に関する見直し⑯請負に関する見直し⑰寄託に関する見直し

過去問
令和5年度 第21問 相殺
令和4年度 第18問 時効　　令和4年度 第20問 相殺
令和2年度 第1問 改正民法　　令和2年度 第18問 時効
令和2年度 第21問（設問1・2）定型約款

## 論点2　契約の基礎と要件

**ポイント**

ビジネスにおける権利義務の多くは、当事者間の契約により発生する。我が国の私法は「私的自治の原則」に基づいており、そこから「契約自由の原則」が導かれる。契約の要件として、成立要件と有効要件が重要である。

### 1 契約自由の原則

　我が国の私法（私人間の法律関係を規律する法律）は、「私的自治の原則」に基づいている。私的自治の原則とは、「個人は自分のかかわる私法関係を、その意思によって自由に決定し規律することが最も妥当である」という原則で、近代私法の基本的原則である。

　そこから、「契約は原則として、誰といかなる内容で締結してもよく、第三者や国家は介入できない」という考え方（契約自由の原則）が導かれる。契約自由の原則には、①締結の自由、②相手方選択の自由、③内容決定の自由、④方式の自由、の4つが含まれる（民法521条、522条2項）。

### 2 契約の要件

#### ① 成立要件

　当事者と契約の目的物が存在し、当事者の申込と承諾という、相対する意思表示が具体的に合致することが必要である。

　意思表示は、その通知が相手方に到達した時から効力を生ずる（民法97条1項、到達主義）。

　また、意思表示は、表意者が通知を発した後に死亡し、意思能力を喪失し、または行為能力の制限を受けたときであっても効力を失わない（民法97条3項）。ただし、申込者が反対の意思を表示した場合、または相手方が申込者の死亡の事実を知っていた場合は効力を失う（民法526条）。

#### ② 有効要件

　①による契約の成立を前提として、一般的にはさらに以下の要件を満たすと契約は有効となり、債権債務が発生する。

| 客観的要件 | | 主観的要件 | |
|---|---|---|---|
| ア | 契約内容が確定していること | オ | 契約当事者が権利能力をそなえていること<br>(生存する自然人、または解散していない法人であること) |
| イ | 契約内容が実現可能であること | カ | 契約当事者が意思能力をそなえていること<br>(通常人が正常な状態で有する心理的・精神的能力があること) |
| ウ | 契約内容が適法なものであること | キ | 契約当事者が行為能力をそなえていること<br>(未成年者、成年被後見人、被保佐人などでないこと) |
| エ | 契約内容が公序良俗に反しないこと | ク | 意思表示が意思の欠缺によって無効とならないこと<br>(内心と表示の不一致を本人が知らない錯誤は意思の欠缺にあたる) |
| | | ケ | 意思表示に瑕疵あることを理由に取り消されないこと<br>(詐欺や強迫による意思表示は、瑕疵により取り消されうる) |

### ③ 効果帰属要件

　契約が代理によってなされている場合には、有効な代理権が存在していることが必要である。

　代理権のない者が代理行為をした場合を無権代理という。相手方が無権代理人に代理権がないことについて善意・無過失である等、一定の要件を充たす場合、無権代理人は相手方の選択に従い、履行または損害賠償の責任を負う（民法117条1項）。

　また、代理権が存在するかのごとき外観があり、相手方がその外観を信頼して無権代理人を正当な代理人と誤信して取引を行った場合、その代理行為が有効とされる場合がある（表見代理）。

### ④ 効力発生要件

　契約に条件や期限が付いているときには、その条件や期限を満たしていることが必要である。

**追加 ポイント**

〈成年年齢の引下げ〉
平成30年法改正により、民法の成年年齢が20歳から18歳に引き下げられた。それにより、施行日である令和4年（2022年）4月1日時点で18歳以上20歳未満であった者は、同日に一斉に成年となった。成年に達した者は、単独で有効な契約を締結することができるようになる。

過去問　過去5年間での出題はない。

**B** **論点3** 契約の種類

契約には、民法が定める13種類の典型契約と、それ以外の契約がある。契約は、契約の目的は何か、当事者双方が債務を負担するか、当事者の合意以外に目的物の引渡を必要とするか等の観点により、いくつかの種類に分かれる。

## 1 契約の種類

契約は、以下のようにさまざまな観点で分類される。

### 【 契約の分類 】

| ①典型契約と非典型契約 | 典型契約=民法が規定する13種類の契約<br>非典型契約=それ以外の契約 |
|---|---|
| ②双務契約と片務契約 | 双務契約=契約の各当事者が互いに対価的意味を有する債務を負担する契約<br>片務契約=当事者の一方のみが債務を負担する契約<br>(例:贈与、使用貸借) |
| ③有償契約と無償契約 | 有償契約=契約の各当事者が互いに対価的意味を有する出捐(財産上の損失)をする契約<br>無償契約=当事者の一方のみが出捐をする契約<br>(例:贈与、使用貸借) |
| ④諾成契約と要物契約 | 諾成契約=当事者間の合意だけで成立する契約<br>要物契約=合意以外に物の引渡がないと成立しない契約 |
| ⑤不要式契約と要式契約 | 不要式契約=方式を不要とする契約<br>要式契約=契約の成立に一定の方式を必要とする契約<br>(例:保証、婚姻) |

## 2 典型契約

民法は、典型的な契約として以下の13種類を定めている。

### 【 民法の典型契約 】

| ①贈与 | 相手に対して無償で財産を与える契約 |
|---|---|
| ②売買 | 当事者の一方の売主が財産権の移転をし、相手方の買主がこれに対して代金を支払う契約 |
| ③交換 | 当事者が互いに「金銭の所有権以外」の財産権を移転する契約 |

| | |
|---|---|
| ④消費貸借 | 当事者の一方の借主が、種類、品質及び数量の同じ物をもって返還することを約束して、相手方である貸主から金銭その他のものを受け取ることによって成立する契約（ただし、書面による場合は合意のみによって成立（民法587条の2）） |
| ⑤使用貸借 | 当事者の一方である貸主がある物を引き渡すことを約束し、他方である借主がその受け取った物について無償で使用収益をして契約終了時に返還することを約束することによって成立する契約（借りたその物を返す点で、消費貸借と異なる） |
| ⑥賃貸借 | 当事者の一方が、ある物の使用及び収益をさせることを約束し、相手方がこれに対して賃料の支払を約束することによって成立する契約 |
| ⑦雇用 | 被用者が使用者の労務に服することを約束し、それに対し使用者は労務者に報酬を支払う契約 |
| ⑧請負 | 請負人が仕事を完成することを約し、注文者がその仕事の結果に対する報酬を支払う契約 |
| ⑨委任 | 一方の当事者である委任者が、法律行為をなすことを相手方である受任者に委託し、受任者がこれを承諾することによって成立する契約 |
| ⑩寄託 | 受寄者が委託者のために物を保管する契約 |
| ⑪組合 | 二人以上の当事者が出資し、共同事業を営むことを約す契約 |
| ⑫和解 | 当事者が互いに譲歩し、争いをやめることを約す契約 |
| ⑬終身定期金 | 特定の人が死亡するまで、定期的に金銭その他のものを相手方または第三者に給付することを約す契約 |

## ３ 非典型契約

　民法の定める典型契約以外に、OEM契約、フランチャイズ契約などがある。詳しくは【論点10】で述べる。

### 追加 ポイント

〈準消費貸借〉
金銭その他の物を給付する義務を負う者がある場合において、当事者がその物を消費貸借の目的とすることを約する契約である（民法588条）。消費貸借契約では原則として貸借の対象となる物の授受が契約成立の要件となるが、準消費貸借契約ではその授受が必要とされず、既存の債務をもって授受があったとみなされる。準消費貸借契約には、既存の売掛金等を長期分割弁済に変更できる、売掛金を貸金債権に変えると消滅時効期間を延ばせる等のメリットがある。

過去問

令和3年度　第2問　消費貸借
令和2年度　第22問　請負及び委任

# 論点4　契約の効力 ①

ポイント

債権の回収手段として重要なものに、保証債務・連帯保証債務がある。保証と連帯保証は、債権者の請求に対する抗弁の可否や分別の利益の有無において異なる。契約を履行しない場合には、債務不履行責任を負う。契約締結前であっても、商談の過程で相互に特別の信頼関係が生じた場合、一方的に交渉を打ち切ると損害賠償責任を負う。

## 1 保証債務、連帯保証債務

### ① 保証債務（民法446条）

主たる債務者がその債務を履行しない場合に、主たる債務者に代わって履行しなければならない債務を保証債務といい、この債務を負う者を保証人という。保証債務は、債権者と保証人との保証契約で成立し、主たる債務とは別個のものであって、主たる債務者の意思に反しても保証契約を締結できる。

保証人は、債権者の請求に対し、催告の抗弁権（まず先に主たる債務者に請求すべきであるとの主張ができる権利、民法452条）と検索の抗弁権（まず主たる権利者の財産につき執行をすべきであるとの主張ができる権利、民法453条）を有する。

また、保証人が複数存在する場合、各保証人の保証する額は、債務額を保証人の数で割ったものとなる。これを分別の利益という。

保証契約は、書面（電磁的記録を含む）によって締結しなければ効力を生じない（民法446条2項、3項）。

なお、契約の解除による原状回復義務は、本来の債務とは別の債務であるが、判例は特定物売買契約における売主の保証人は、反対の特約のない限り、売主の債務不履行により契約が解除された場合における原状回復義務についても保証の責に任ずるとする。

### ② 連帯保証債務（民法454条、458条）

連帯保証とは、保証契約の一形態であり、保証人が主たる債務者とともに連帯して債務を負担するものである。連帯保証人は、保証人のように催告の抗弁権や検索の抗弁権を持たず、分別の利益もない（民法454条、458条）。このため、保証債務よりも債権者に有利であり、実務で多用されている。

## ☑ 債務不履行責任（民法415条、540条〜548条）

　債務者の帰責事由（責めに帰すべき事由）によって、契約等の債務が履行されない場合を債務不履行という。債務不履行には、①履行遅滞（履行ができるのに、期限までに履行しないこと）、②履行不能（契約締結時に履行が可能であったが、履行が不可能になったこと）、③不完全履行（履行は一応なされたが不完全であった場合）の3種類がある。

　債務不履行があった場合は、債権者は契約の解除と債務者に対する損害賠償請求をすることができる（民法541条、415条）。

　契約の解除には、催告による解除と催告によらない（無催告）解除があり、履行不能の場合や定期行為（特定の日時等に履行をしなければ目的を達することができない契約）の履行遅滞の場合などは無催告解除が可能である（民法542条）。また、債務不履行が債権者の帰責事由による場合は解除できない（民法543条）。解除が行われた場合は、各当事者に原状回復義務が生じるが、第三者の権利を害することはできない（民法545条1項）。

　債務不履行責任の消滅時効期間は、権利を行使することができることを知ってから5年、権利を行使することができる時から10年である（民法166条1項）。

## ☑ 契約締結上の過失

　契約自由の原則には、契約を締結するか否かの自由も含まれる。このため、交渉当事者はいつでも任意に交渉を打ち切ることができるのが原則である。

　しかし、判例は当事者が単なる接触の段階を超えて具体的な商談の段階に入り、相互に特別の信頼関係が生じた後は、信義誠実の原則に支配され、信義則上要求される注意義務に違反して交渉を打ち切った者は、損害賠償の責任を負うとする。このように契約成立前の当事者による一方的な交渉中止行為の法的責任を基礎づける理論を「契約締結上の過失」という。

　この場合、損害賠償の範囲は、信頼利益（契約が有効だと信頼したことにより失った利益）にとどまり、履行利益（契約が履行されていれば得られたであろう利益）には及ばない。

| 過去問 | 令和4年度　第19問　保証契約 |
| --- | --- |
| | 令和3年度　第19問　契約の解除 |
| | 令和2年度　第20問　保証契約 |
| | 令和元年度　第19問　保証人の求償権 |

**B** **論点5** 契約の効力 ②

▶ ポイント

双務契約の当事者は、互いに同時履行の抗弁権を有する。一方の債務の対象物が不可抗力等で滅失した場合は危険負担の問題となる。売買の対象物が契約の内容と適合しないものであった場合には、債務者は契約不適合責任を負う。債権者が債務者の財産を保全するための制度として、債権者代位権・詐害行為取消権がある。

## 1 同時履行の抗弁権（民法533条）

双務契約（売買契約など）の当事者は、相手方がその債務の履行の提供（債務の履行をするために自分でできる限りのことをして、債権者の受領を求めること）をするまで、自分の債務を履行しないと主張することができる。この権利を「同時履行の抗弁権」という。双務契約では双方の債務が互いに対価関係にあることから、当事者間の公平のために認められた制度である。

## 2 危険負担（民法536条）

双務契約の一方の債務が債務者の帰責事由によらないで履行不能となった場合（不可抗力等）に、その債務の債権者の反対給付債務がどのような影響を受けるのかが問題となる。これを「危険負担」の問題という。

民法は、原則として債務者主義（＝債権者の負う反対給付債務が消滅する、すなわち債務者が危険を負担する）を採用し、債権者の帰責事由によって履行不能となった例外的な場合にのみ債権者主義（＝債権者の負う反対給付債務が存続する、すなわち債権者が危険を負担する）を採用している。

## 3 契約不適合責任（民法562条〜564条）

売買の対象物に欠陥があったとして、売主がそれを知っていて（または知って当然なのに過失で知らずに）売った場合、買主は債務不履行に基づく損害賠償請求ができる。

もっとも、欠陥について売主自身も気づかなかった、かつ知らないことに無理はなかった場合でも、民法は、買主が売主に対して追完請求や代金減額請求、

契約解除や損害賠償請求ができるとする。これを「契約不適合責任」という。

　契約不適合責任の追及ができるのは、買主に帰責事由がない場合に限る。また、契約不適合責任の追及をするためには、買主がその不適合を知った時から1年以内にその旨を売主に通知しなければならない。

## ❹ 債権者代位権（民法423条〜423条の7）、詐害行為取消権（民法424条〜426条）

　債務者が債務履行に必要な財産の確保のために第三者に対してできること（例：貸付金の回収）を行わない場合には、債務者に代わってその行為をすることができる（債権者代位権）。また、債務者が債権者を害することを知りつつ、十分な財産を確保できなくなるような財産処分などを行った場合には、債務者にその財産を取り戻すため、その処分行為などの取消を裁判所に請求することができる（詐害行為取消権）。

　債権者代位権・詐害行為取消権ともに、債務者が無資力（債務超過）に陥っていることが要件の1つとされる。債権者代位権は裁判外でも行使できるが、詐害行為取消権は裁判によって行使しなければならない（民法第424条1項）。詐害行為取消権の消滅時効は、債権者が取消の原因を知った時から2年、または債務者の行為から10年である（民法426条）。

過去問

令和3年度　第17問（設問1）　英文契約書・同時履行
令和3年度　第20問（設問1）　契約不適合責任
令和2年度　第19問　詐害行為取消権

# 論点6　契約によらない債権

**ポイント**

債権の中には、契約によらずに発生するものがある。民法の定める契約以外の債権発生原因として、事務管理、不当利得、不法行為の3つがある。この中で最も重要なのは不法行為である。不法行為責任は、行為者の故意または過失により他人に損害を与えた場合に発生する。

## 1 一般の不法行為（民法709条）

不法行為とは、故意または過失によって他人に損害を加える行為をいう。不法行為の被害者は、加害者に対して、加害行為と損害との因果関係を立証し、損害賠償請求を行うことができる。不法行為責任の消滅時効期間は、被害者が損害および加害者を知ったときから3年（不法行為が人の生命・身体を害するものである場合は5年（民法724条の2））、または不法行為のときから20年である（民法724条）。不法行為の成立要件は、以下の5つである。

**【 不法行為の成立要件 】**

| 要　件 | 内　容 |
|---|---|
| ①被害者に損害が発生していること | 財産的損害（積極損害・消極損害）と精神的損害の両方を含む |
| ②加害行為が加害者の故意または過失に基づくものであること | 故意は「わざと」、過失は「不注意で」の意味。課せられる注意義務は、その人の職業、地位、置かれた状況で普通に要求される水準 |
| ③損害と加害行為との間に因果関係があること | 加害行為と損害の発生との間に相当因果関係（一般常識的にその行為からその損害が生ずるだろうと考えられること）が必要である |
| ④加害行為が違法なものであること | 正当防衛や緊急避難などは、違法ではないため、不法行為にはならない（民法720条） |
| ⑤加害者に責任能力があること | おおむね小学校卒業程度の精神能力を指す |

## 2 特殊な不法行為責任

### ① 使用者責任（民法715条）

ある事業のために他人を使用する者（使用者という）は、使用される者（被用者という）がその事業の執行（仕事をすること）について、第三者に加えた損害を賠償す

る責任を負う。これを使用者責任という。使用者責任は、使用者が被用者の選任及びその事業の監督について相当の注意をした場合に限って免れることができる。ただし、この立証はきわめて難しく、実質的には無過失責任に近い。

② **土地工作物責任（民法717条）**

土地の工作物（例：建物）の設置または保存に瑕疵があることにより、他人に損害を発生させた場合、その工作物の占有者（例：建物の管理者）は、損害賠償責任を負う。ただし、占有者が、自ら損害の発生を防止するのに必要な注意をしたことを証明したときは免責される。この場合、工作物の所有者が損害賠償責任（無過失責任）を負う。

## ❸ 不当利得（民法703条〜708条）

法律上の原因がないにもかかわらず、本来利益が帰属すべき者の損失と対応する形で利益を受けること、またはその利益そのものを「不当利得」という。

① **不当利得の要件**

以下の4つをすべて満たすことが必要である。

ア．他人の財産または労務によって利益を受けたこと

イ．そのために他人に損失を与えたこと

ウ．アとイの間に因果関係があること

エ．利益を受けたことに法律上正当とされる原因がないこと

② **不当利得の効果**

不当利得について善意の（法律上の原因がないと知らなかった）受益者は現存利益（使った分を差し引いたもの）、悪意の（法律上の原因がないと知っていた）受益者は受けた利益の全部に利息を付して、それぞれ返還する義務を負う。

不当利得返還請求権の消滅時効期間は、権利を行使することができることを知ってから5年、権利を行使することができる時から10年である（民法166条1項）。

### 追加 ポイント

〈事務管理（民法697条〜702条）〉
法律上の義務がないのに他人のために事務を管理することをいう。本人と管理者の利害を調整するため、委任契約と同様の権利義務が発生する。

令和4年度　第18問　時効

## B　論点7　国際取引の基礎

> 経済のグローバル化に伴って中小企業の海外展開事例も多くなり、国際取引の重要度は高まっている。国際取引に関する法的知識の基本として、国際裁判管轄、準拠法、仲裁がある。

　これらの事項は、いずれも当事者間の合意により決すべきものであり、できるだけ自社が不利にならないように注意して契約を締結する必要がある。

### 1　国際裁判管轄

　国際的な要素を有する民事裁判事件について、どのような場合にどの国の裁判所が管轄権を有するかという問題が、国際裁判管轄の問題である。

　日本の民事訴訟法では、日本に相手の住所（個人の場合）、事務所・営業所または代表者・業務担当者の住所があるときは、日本の裁判所に裁判管轄が認められる（民事訴訟法3条の2）。日本に拠点のない相手でも、契約に関する訴えでは、契約で債務の履行地が日本国内と定められていれば、日本の裁判所に裁判管轄が認められる（民事訴訟法3条の3第1号）。また、不法行為に関する訴えでは、不法行為があった地が日本にあるときには、日本の裁判所に裁判管轄が認められる（民事訴訟法3条の3第8号）。外国の会社を被告として日本の裁判所に訴訟を起こす場合には、管轄が日本の裁判所にあるかどうかを確認することが必要である。

　裁判管轄に関するトラブルを回避し、自社が有利になるようにするには、紛争が生じた場合に備えて、取引の当事者間で提訴する裁判所を予め決定する（国際裁判管轄の合意）ことが望ましい。

### 2　準拠法

　準拠法とは、国際取引における契約の成立や効力の解釈にあたって適用される国（または州）の法律である。

　各国は独自に国際的な法の適用関係について法令を設けており、日本では「法の適用に関する通則法」がこれにあたる。同法は、法律行為の当事者は法律行為の成立及び効力について適用すべき法を選択できるとし（同法7条）、選択がないときは、当該法律行為に最も密接な関係がある地の法によるとする（同法

8条)。ただし、労働者や消費者が日本法の強行規定を適用すべき旨の意思表示をした場合にはそれらが適用される場合がある（同法11条、12条）。

このように、準拠法の決定は基本的には当事者の意思に委ねられるため、契約の中にどの国（または州）の法律を適用するかを盛り込んでおく必要がある。

## ❸ 仲裁

仲裁とは、裁判所ではなく、契約当事者が選定した第三者（仲裁人）の判断に委ねて紛争解決を図る手続で、裁判外の紛争解決（ADR）の一種である。

訴訟による解決には多大な負荷がかかり、自国以外の裁判では不測の事態も生じやすい。そこで、予め契約の中に、紛争が生じた場合は仲裁によって解決する旨の条項を入れることがある。

仲裁には、その紛争の解決に適した専門家を仲裁人として選任でき、時間・費用・労力が大きく節約できるメリットがある。また、裁判は原則として公開であるが、仲裁は非公開であり営業秘密の漏洩防止にも役立つ。

仲裁合意をした場合、仲裁人の判断は最終的なものとなり、同一の事案について裁判を起こすことはできない。

## ❹ 予備的合意書（Letter of Intent）

国際取引の契約締結に至る交渉過程では、節目において条件合意に達した旨の予備的合意書（Letter of Intent）を作成することがある。正式契約では予備的合意書に法的拘束力を持たせたくない場合、その旨を明記しておかなければならない。

---

### 追加 ポイント

〈仲裁の限界とデメリット〉
仲裁には上述のように数多くのメリットがあるが、両当事者が合意して初めて利用できるものであるため、相手方が同意してくれない場合は仲裁による紛争解決はできない。
また、訴訟費用のかなりの部分を公費で賄う裁判所と比べて、当事者が自主的に仲裁人を選択する仲裁においては、その費用が高額に上る場合もある。

過去問
令和5年度　第16問（設問2）　裁判と仲裁
令和2年度　第16問（設問2）　英文契約書（裁判管轄及び準拠法）

# 論点8　国際商取引に関する規則・条約

国際商取引については、国際商業会議所の「インコタームズ (INCOTERMS)」と、日本も加盟する「ウィーン売買条約」が重要である。

## ■ インコタームズ (INCOTERMS)

国際商業会議所の定める貿易条件とその解釈に関する国際規則であり、売主・買主間の物品引渡に関する危険の移転時期や運送費用の負担などの貿易条件を規定している。2023年9月現在の最新版は「インコタームズ2020」である。

インコタームズは、準拠が強制されるものではないこと、代金の支払方法・所有権の移転時期・契約違反の効果などは定めていないことに注意したい。また、表の中で⑨FOB、⑩CFR、⑪CIFは特によく出てくるので覚えておきたい。

### 【インコタームズ2020の定める貿易取引条件 (計11種類)】

| | |
|---|---|
| あらゆる輸送形態に適した規則 | ①EXW (Ex Works、出荷工場渡し条件)<br>　売主は売主の敷地 (工場) で買主に商品を移転。それ以降の運賃、保険料、リスクの一切は買主が負担。 |
| | ②FCA (Free Carrie、運送人渡し条件)<br>　売主は、指定された場所 (積み地のコンテナ・ヤード等) で商品を運送人に渡すまでの一切の費用とリスクを負担。それ以降の運賃、保険料、リスクは買主が負担。 |
| | ③CPT (Carriage Paid To、輸送費込み条件)<br>　売主は、指定された場所 (積み地のコンテナ・ヤード等) で商品を運送人に渡すまでのリスクと海上運賃を負担。それ以降のコストとリスクは買主が負担。 |
| | ④CIP (Carriage and Insurance Paid To、輸送費保険料込み条件)<br>　売主は、指定された場所 (積み地のコンテナ・ヤード等) で商品を運送人に渡すまでのリスクと海上運賃、保険料を負担。荷揚げ地からのコストとリスクは買主が負担。 |
| | ⑤DAP (Delivered at Place、仕向地持込渡し条件)<br>　売主は、輸入通関前の輸送手段の上で荷降ろしの準備ができた状態で買主に引き渡す。荷降ろし以降のリスクと費用は買主が負担。 |
| | ⑥DPU (Delivered at Place Unloaded、荷卸込持込渡し条件)<br>　売主は、輸入通関前に指定の場所で荷降ろしが完了した状態で買主に引き渡す。輸入通関手続及び関税は買主が負担。 |
| | ⑦DDP (Delivered Duty Paid、関税込み持込渡し条件)<br>　売主が指定された目的地まで商品を送り届けるまでのすべてのコスト (輸入関税を含む) とリスクを負担。 |

| | |
|---|---|
| 海上および内陸水路輸送のための規則 | ⑧FAS (Free Alongside Ship、船側渡し条件)<br>　売主が積み地の港で本船の横に荷物を着けるまでの費用を負担。それ以降の費用及びリスクは買主が負担。（売主は船に積み込む必要はない。） |
| | ⑨FOB (Free On Board、本船甲板渡し条件)<br>　売主が積み地の港で本船に荷物を積み込むまでの費用を負担。それ以降の費用及びリスクは買主が負担。 |
| | ⑩CFR (Cost and Freight、運賃込み条件)<br>　売主が積み地の港で本船に荷物を積み込むまでの費用及び陸揚げ地の港までの海上運賃を負担。保険料及びそれ以降のリスクは買主が負担。 |
| | ⑪CIF (Cost, Insurance and Freight、運賃保険料込み条件)<br>　売主が積み地の港で本船に荷物を積み込むまでの費用、陸揚げ地の港までの海上運賃及び保険料を負担。それ以降のリスクは買主が負担。 |

## 【 売主の負担範囲の違い ～ FOB、CFR、CIF ～ 】

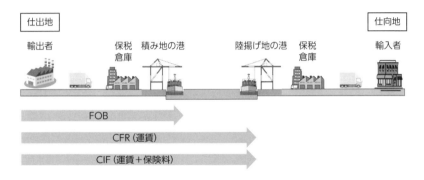

## 2 ウィーン売買条約 (CISG)

　1988年に発効した国連条約で、正式名称を「国際物品売買契約に関する国連条約」という。国境を越える売買契約の成立や売主・買主の権利義務に関する基本的な原則を定めている。2019年9月現在、米国、中国、韓国、ドイツ、フランス、ロシアなど92ヵ国が加盟している。日本は2008年7月に加入し、2009年8月1日に発効した。

　ウィーン売買条約は、当事者の所在する国がいずれも締約国である場合、及び一方が非締約国であっても、国際私法により締約国の法が適用される場合に、自動的に適用される (同条約1条)。当事者間の合意で同条約の適用を排除できるが、排除する文言を契約書に明記しなければ効力を生じない (同条約6条)。

また、当事者が合意した慣習は、同条約の規定に優先するとされている。た
とえば、契約書で「インコタームズによる」と明示的に定めれば、ウィーン売
買条約の規定に優先してインコタームズの規定が適用されることになる。

**【 日本法とウィーン売買条約の主な違い 】**

|  | 日本法 | ウィーン売買条約 |
|---|---|---|
| 申込と承諾の一致の必要性 | 申込と承諾が完全に一致しないと契約は不成立 | 違いが実質的なものでなければ契約は成立（19条） |
| 契約の解除 | 債務不履行全般について契約解除が可能 | 重大な契約違反がある場合に限定（49条、64条） |
| 不可抗力による目的物の滅失 | 売主に損害賠償責任は生じず、危険負担で処理 | 売主の義務違反となり、売主に損害賠償責任が発生 |

**追加 ポイント**

〈インコタームズ2020に沿った具体的な表記〉
ある商品を中国から日本に輸入するため、中国企業に見積を依頼した際、
「US$100/pc CIF KOBE」と価格提示された場合、「神戸港までの輸送費、保険
料込みで商品1個あたり100米ドル」という意味となる。

令和元年度　第16問（設問2）　インコタームズ

**A** **論点9** 英文契約書の構造と重要用語

**ポイント**

国際取引においては、英語を母国語としない企業どうしの取引であっても、英文契約書が用いられることが多い。英文契約書には独特の構造や用語があるため、その重要なものを押さえておきたい。

## 1 英文契約書の構造

一般的な英文契約書は、以下のような構成で成り立っている。

### ① 表題 (Title)

契約締結日、契約当事者の氏名・住所、法人の設立準拠法などである。

### ② 前文

頭書 (Premises) と説明条項 (Whereas) からなる。説明条項とは、契約締結の動機や経緯を記すものである。それ自体に法的拘束力はない。

### ③ 本文 (Operative Provisions)

定義条項 (Definitions) と実質条項からなる。本文で繰り返し使われる語句は、本文冒頭の定義条項にまとめて規定しておき、以後は重複してその語句の意味を説明しない。定義語は、「PRODUCTS」や「Products」のように単語全体または頭文字を大文字にしたり、クォーテーションマークを使用したりして強調する。

### ④ 一般条項 (General Provisions)

契約期間、契約解除、準拠法、裁判管轄、仲裁などである。

### ⑤ 結語 (Closing)、署名 (Signature)、立会人 (Witness)、添付書類 (Exhibits)

## 2 英文契約書の言い回し

英文契約書には、独特の言い回しがある。主なものは以下のとおりである。

**【 英文契約書の重要表現 】**

| | |
|---|---|
| Witnesseth | 証明する (条項の頭に付ける) |
| Whereas | 〜なので、〜という事実に照らして |
| Party | 当事者 |
| Consideration | 約因 (in consideration of 〜「〜を約因として」) |
| Hereunder | 本契約書のもとで、この記載に従って |
| At one's discretion | 〜の裁量で、任意に |

| To the extent that | 〜の範囲において、〜の限りにおいて |
|---|---|
| Provided, however, that | ただし〜である（条件や例外を定める） |
| Without prejudice to | 〜の権利を放棄することなく |
| Subject to | 〜に従って、〜を条件として |

## 3 英文契約書の重要用語

英文契約書には特定の意味を持つ専門用語がある。主なものは以下のとおりである。

### 【 英文契約書の重要用語 】

| 契約期間 (Term) | 契約の存続期間。契約の始期と終期を定める |
|---|---|
| 契約解除 (Termination) | 契約の終了事由（債務不履行、破綻など） |
| 不可抗力 (Force Majeure) | 当事者の意思が及ばないため免責する事象 |
| 通知 (Notice) | 契約上義務づけられた通知の相手と効力発生時期 |
| 完全合意 (Entire Agreement) | 当該契約以前になされた当事者間の合意はすべて失効し、契約書の規定があらゆる点で優先すること |
| 分離可能性 (Severability) | 契約の一部が無効となった場合でも他の部分は有効であるとする条項 |
| 免責事項 (Disclaimer) | 一定条件の下で債務を負わなくてもよいことを規定する条項 |
| ハードシップ (Hardship) | 事情変更による契約条件見直しに関する定め |
| 準拠法 (Governing Law) | 【論点7】の解説を参照 |
| 裁判管轄 (Jurisdiction) | 【論点7】の解説を参照 |
| 仲裁 (Arbitration) | 【論点7】の解説を参照 |
| 予備的合意書 (Letter of Intent) | 【論点7】の解説を参照 |

### 追加 ポイント

〈「Agency」と「Distributor」〉
どちらも「販売代理店」と訳されるが、「Agency」は買主との交渉を仲介し手数料を得るのに対し、「Distributor」は売主・買主の両方と売買契約を結び、仕入価格と販売価格の差益を収入源とする。

過去問
令和5年度 第16問（設問1） 英文契約書
令和4年度 第17問（設問1） 英文契約書（売買契約の補償）
令和3年度 第17問（設問1） 英文契約書・同時履行
令和2年度 第16問（設問1） 英文契約書（売買契約）
令和2年度 第16問（設問2） 英文契約書（裁判管轄及び準拠法）
令和元年度 第16問（設問1） 英文契約書（危険負担及び所有権移転）

# 論点10 各種の契約

民法の定める典型契約の他に、実務でよく用いられる契約として、OEM
契約、フランチャイズ契約、合弁契約がある。それぞれの特徴と注意点を
押さえておきたい。

## 1 OEM契約・ODM契約

OEM（Original Equipment Manufacturing または Original Equipment
Manufacturer）とは、委託者のブランドで製品を製造すること、またはその
ような製品を製造する事業者をいう。

委託者のメリットは、自社工場を持つリスクを回避しつつ、安価かつ良質な
製品を調達し、自社ブランドによって販売できることである。また、受託者の
メリットは、生産増大により利益を拡大し、設備や人員を有効利用できること
である。

OEM契約における契約上の注意点として、①商標の管理（商標表示の態様
や方法、無断使用禁止を明確にすること）、②取引数量の決定（最低取引量や
最低発注単位などの条件を定めておくこと）、③製造物責任の想定（製造した
物の欠陥などにより、委託者が被害者から責任追及される可能性があるため、
委託者になる場合は受託者に求償できることを明示し、受託者になる場合は責
任の範囲を限定するように努めること）が挙げられる。

OEMの進化形として、製造だけでなく企画や設計、デザインなどの段階か
ら請け負う場合は、ODM（Original Design Manufacturing または Original
Design Manufacturer）と呼ばれる。

ODMでは、受託者が企画や設計段階から担当するため、受託者の技術レベ
ルが委託者と同水準、またはそれ以上の高い水準にあることが基本的な条件で
ある。

## 2 フランチャイズ契約

フランチャイズ契約とは、特定の商品やサービスの提供について独占的な権
利を有する本部（フランチャイザー）が、加盟店（フランチャイジー）に対して

一定地域内での独占的販売権を与え、加盟店が特約料を払うものをいう。

　本部は加盟店に商号・商標等の使用を認め、経営のノウハウを提供する。加盟店は本部に一定の対価（ロイヤリティ）を支払い、本部の指導援助を受けて自らの資金で事業を行う。本部と加盟店はまったく別の事業主であって、原則として本部は加盟店の取引行為については責任を負わない。

　フランチャイズ契約については、中小小売商業振興法の「特定連鎖化事業」として、本部の事業概要、加盟店数、本部・加盟店間の訴訟件数、契約違反時のペナルティなどについて、契約締結前に書面で開示し、説明することが義務付けられている。

　また、公正取引委員会で「フランチャイズガイドライン」を定め、本部が優越的地位の濫用など不公正な取引を行った場合には、独占禁止法により違法行為となる。

【 フランチャイズ契約 】

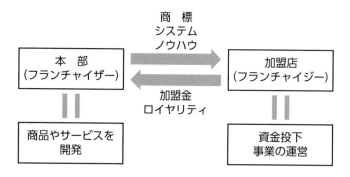

### 3 合弁契約

　共同で事業を営むために企業体を形成する契約であって、合弁事業における資本・組織・運営等に関する当事者間の合意を主な内容とする。

　企業体の形態によって、民法の組合理論が適用される「組合型」と会社法の理論が適用され会社設立手続などが必要となる「会社型」に分かれる。

　合弁契約に定める出資割合により、どの会社が主導権を握るかが決まる。会社型の合弁事業の場合は、通常1つの会社が過半数の出資をして主導権を握ったうえ、少数株主が代表を取締役会に送ることを可能にするため累積投票制度

を認めるなど、少数派の権利に配慮する条項を設ける。

追加 ポイント

〈ライセンス契約〉
上記以外の重要な契約の種類として、ソフトウェア等のライセンス契約がある。
本論点と併せて、Ⅱ【論点21】を確認しておいてほしい。

過去問　令和4年度　第7問　合弁会社における株主総会

# Ⅳ

# 企業活動に関する法律知識

| 第1章 | 民法 |
| 第2章 | 会社法 |
| 第3章 | その他の法律 |

# B 論点1　物権の概要

## ポイント

> 物権とは、物を直接的・排他的に支配する権利である。債権と異なり、物権の種類は法律で定められたものに限られる。物権は本権と占有権に分かれ、本権はさらに所有権と制限物権に分かれる。制限物権の一種である担保物権には、4つの基本的な性質がある。

## 1 物権とは

物権とは、物を直接的・排他的に支配する権利である。人に対する権利である債権よりも直接的かつ強力な権利であるため、債権のような契約自由の原則は妥当せず、物権の種類は法律で定められたものに限られる (物権法定主義)。

## 2 物権の変動

物権の発生、変更、消滅を合わせて「物権変動」と呼ぶ。物権変動は、売買・贈与などの法律行為、相続などの法律上の事実、消失などの単なる事実によって発生する。民法では、法律行為による物権の変動は、当事者間の意思表示のみによって発生するとする (意思主義)。ただし、その物権変動を第三者に主張するためには、対抗要件を備える必要がある。この対抗要件は、不動産の場合は登記、動産の場合は占有である。

## 3 物権の種類

物権は、物の支配の根拠となる「本権」と、事実上の物の支配を保護する「占有権」とに分かれる。「本権」はさらに、物の全面的支配権である「所有権」と、それ以外の「制限物権」に分かれる。

**【 物権の種類 】**

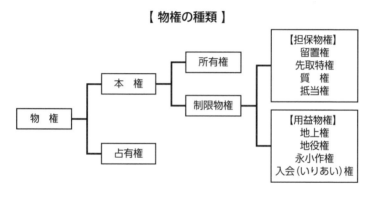

## ❹ 担保物権

制限物権の一種として、債権の担保を目的とする「担保物権」がある。担保物権とは、債権を担保するために、債権者が他人の財産に優先的に行使することのできる一定の権利をいう。

実務上、最も日常的かつ頻繁に利用される担保物権は、抵当権である。抵当権とは、債務者の占有や使用収益を維持したまま、不動産の交換価値を掌握し、債務者が弁済できない場合にはその不動産を処分して、代金から優先弁済を得る権利である。

この抵当権をはじめとして、担保物権には、以下のように4つの基本的な性質がある。

### 【 担保物権の性質 】

| | |
|---|---|
| ①付従性 | 担保される債権がなければ担保物権は成立せず、債権が弁済などで消滅すれば担保物権も消滅する |
| ②随伴性 | 担保される債権が譲渡されると、それに伴って担保物権も移転する |
| ③不可分性 | 担保される債権が消滅するまで、目的物の全体に及ぶ |
| ④物上代位性 | 担保物権の目的物が他のもの（例：保険金請求権）に形を変えても、それに対して及ぶ |

### 追加 ポイント

〈先取特権と物上代位〉
動産の売主は、売買の目的たる動産の代金と利息について、他の債権者に優先して弁済を受けることができる（民法321条。動産売買先取特権）。動産売買先取特権は、買主がその動産を第三者に引渡した後は、当該動産については行使できない（民法333条）。しかし、買主が第三者からその動産の売買代金を受領していない場合は、売主は上の表の「物上代位性」を利用し、買主の第三者に対する売買代金債権を差押することにより、他の債権者に優先して弁済を受けることができる（民法304条）。
〈留置権〉
留置権は担保物権の1つである。民法では、他人の物の占有者は、その物に関して生じた債権の弁済を受けるまで、その物を留置する（渡さない）ことができる（民法295条）。商法ではさらに、債務の弁済期が到来していれば、債務者の他の所有物件も留置することができる（商法521条）。なお、留置権には物上代位性はない。

過去問　令和3年度　第18問（設問2）　先取特権・物上代位
　　　　令和元年度　第18問　物上代位

# A 論点2　相続の概要

## ポイント

> 相続とは、ある人（被相続人）が死亡した場合、一身専属的なものを除く財産上の権利義務が相続人に承継されることをいう。相続分は被相続人が遺言で指定できるが、指定がなければ法定相続分による。相続人の相続財産に関する意思決定として、単純承認、相続放棄、限定承認がある。

## 1 相続とは

相続とは、ある人（被相続人）が死亡した場合、一身専属的なものを除く財産上の権利義務が、親族たる相続人に承継されることをいう。

## 2 相続人の範囲

配偶者は常に相続人となるが、その他には順位があり、第1順位は子、第2順位は直系尊属、第3順位は兄弟姉妹である。

## 3 法定相続分

各相続人が被相続人の財産をどのような割合で相続するかを、相続分という。被相続人は遺言で相続分を指定できるが、指定がなければ下記の法定相続分による。かつて、非嫡出子の相続分は嫡出子の2分の1とされていたが、平成25年12月に民法が改正され、同年9月5日以降に開始した相続については、嫡出子と非嫡出子とで相続分に違いはない。

### 【法定相続分】

| 相続人 | 相続分 |
|---|---|
| 子と配偶者の場合 | 子1/2、配偶者1/2 |
| 直系尊属と配偶者の場合 | 直系尊属1/3、配偶者2/3 |
| 兄弟姉妹と配偶者の場合 | 兄弟姉妹1/4、配偶者3/4 |
| 配偶者のみ | 配偶者がすべて |

## 4 相続の承認と放棄

相続人は、一定期間内に相続財産に対する意思決定を行いうる。この意思決定には、次の3種類がある。

## 【 相続財産に関する意思決定の種類 】

| ①単純承認 | 被相続人の権利義務を全面的に承継する |
|---|---|
| ②相続放棄 | 相続をすべて拒絶する |
| ③限定承認 | 相続により承継した財産の限度で被相続人の債務を弁済することを留保して、権利義務を承継する |

　このうち、相続放棄と限定承認は、相続人が自己のために相続の開始があったことを知ったときから3ヵ月以内に、家庭裁判所に届け出て行う。この期間が経過すると、単純承認をしたものとみなされる（民法915条、921条）。

## 🔢 遺産分割

　相続財産は、相続開始によって法定相続人の共有となる（民法898条）。遺産分割協議とは、共有となった遺産をそれぞれの相続人に分けるための話し合いを指す。遺産分割協議書は、この協議の結果を記載した正式な文書である。これにより、個々の財産は原則として、相続開始時に遡って各相続人の財産だったことになり（民法909条）、各相続人は対外的にその財産を相続したと主張できる。遺産分割協議書には拘束力があり、撤回は許されない。

　遺産分割協議書は、積極財産（不動産、預貯金、株式など）の帰属を定めるが、消極財産（負債）の帰属には関係がない。消極財産は相続開始と同時に、共同相続人の法定相続分に応じて、共同相続人が当然に分割承継するとするのが判例である。

> **追加 ポイント**
>
> 〈相続放棄〉
> 相続放棄をすると、放棄した相続人ははじめから相続人にならなかったものとみなされる（民法939条）。このため、被相続人のプラス財産よりマイナス財産が明らかに大きい場合や、家業の承継のため後継者以外の相続人が相続を辞退する場合などに用いられる。
> 〈自筆証書遺言の方式緩和〉
> 自筆証書遺言は全文を自書することが原則だが、令和元年の民法改正により、添付する財産目録については自書しなくてもよいと作成方式が緩和された。

過去問
令和4年度　第21問　相続割合　　　令和2年度　第4問　限定承認
令和元年度　第4問　特別受益と寄与分がある場合の相続分
令和元年度　第21問　遺言

**B 論点3** 遺留分と経営承継円滑化法

ポイント

遺留分とは、遺言の内容にかかわらず得られる、最小限度の遺産である。遺留分は中小企業の事業承継におけるネックの1つになっているため、「経営承継円滑化法」により、民法の原則が修正されている。

## 1 遺留分とは

【論点2】で述べたように、被相続人は遺言で相続分を指定できる。被相続人が遺言によって法定相続分と異なる相続分を指定した場合、法定相続人には「遺留分」が認められる。

遺留分とは、遺言の内容にかかわらず、相続人が確実に得ることのできる最小限度の遺産である。

遺留分算定の基礎財産は、遺産、相続前1年以内になされた贈与、他の特別受益の合計額から債務を控除した額である（民法1043条）。これに占める遺留分の割合（遺留分を有する相続人が複数いる場合はその全員の合計）は、以下のとおりである（民法1042条）。

①配偶者・直系卑属のどちらか一方がいる場合：相続財産の2分の1

②直系尊属だけの場合：相続財産の3分の1

③兄弟姉妹：なし

遺留分を有する相続人は、他の相続人等が過大な財産を取得したために自分の取得分が遺留分より少なくなってしまった場合には、受遺者または受贈者に対し、遺留分侵害額に相当する金銭の支払を請求することができる（民法1046条。遺留分侵害額請求権）。

遺留分は、相続開始前に放棄することが可能であるが、被相続人に放棄を強要される等の圧力を回避するため、相続開始前の遺留分放棄には単独の意思表示では足りず、家庭裁判所の許可を要するとされる（民法1049条1項）。なお、相続開始前に遺留分を放棄する相続人があっても、他の相続人の遺留分がその分増えるわけではない（民法1049条2項）。

## 2 経営承継円滑化法

中小企業の経営者は、その個人資産の大部分が自社株式や事業用資産である

ことが多い。相続人が複数いる場合、遺留分の存在が後継者への自社株式及び事業用資産の集中を妨げ、事業承継にとっては大きなマイナスとなる。

　そこで、事業承継の促進を目的として経営承継円滑化法が制定され、各種の優遇措置が設けられている。

### 【 経営承継円滑化法の定める優遇措置 】

| | |
|---|---|
| (1)民法の遺留分の特例<br><br>※第三者(親族外)への承継も対象 | 所定の手続(経済産業大臣の確認と家庭裁判所の許可)を経た場合、以下の合意に遺留分に係る民法の特例を認める。<br>　①贈与株式等を遺留分算定基礎財産から除外する(除外合意)。<br>　　→自社株式の相続による散逸を防止できる。<br>　②贈与株式等の評価を合意時の評価額に固定する(固定合意)。<br>　　→後継者の努力で企業価値を高めた分を他の相続人に<br>　　　渡さずに自社に残すことができる。 |
| (2)相続税・贈与税の課税の特例<br><br>※10年間限定の拡充措置 | 後継代表者[*1]が、相続開始後に経済産業大臣の認定を受け、所定の要件(①継続して代表者である[*2]、②平均で8割以上の雇用を維持[*3]、③承継した株式を引続き保有[*2])を満たせば、後継者が保有する自社株すべてに係る贈与税・相続税の納税を100%猶予。<br>*1 親族・親族外を問わない。なお、複数株主から複数後継者(最大3人)に対する贈与・相続も対象となる<br>*2 売却・廃業時は、株価再計算により減免が可能<br>*3 雇用平均8割を満たせなかった場合でも、そのことを報告して指導助言を受ければ、猶予は継続される |
| (3)金融支援 | 株式や事業用資産の取得など、経営承継のための資金調達について、以下が利用可能。<br>　①通常の保証枠とは別枠で信用保証を受けられる特例<br>　②日本政策金融公庫からの低利融資の特例 |
| (4)所在不明株主に関する会社法の特例 | 所在不明株主からの株式買取り等に要する期間を会社法上の5年から1年に短縮。 |

### 追加 ポイント

〈遺留分制度の変更〉
平成30年の民法改正により、遺留分制度はそれまでの遺産共有を生じるものから、遺留分に相当する金銭の支払いを請求する制度へと変更された。もっとも、基礎財産の計算方法や各相続人の遺留分の割合は基本的に変わっていない。

過去問

令和5年度　第17問(設問1)　遺留分
令和5年度　第17問(設問2)　経営承継円滑化法
令和3年度　第7問(設問1)　遺留分

## B　論点4　株式の意義と株主の権利

> 株式とは、多数の出資者から出資を募るために考え出された仕組みであり、細分化された均一的な割合的単位である。株式会社には、株主は出資した額以上の責任を追及されることはない（間接有限責任）など、重要な原則がある。株主の権利は自益権と共益権、少数株主権と単独株主権に分かれる。

### 1　株式会社の仕組みと株式

　株式会社は、多数の出資者から広く出資を募り、多額の資本を集めて長期的に業務運営を行うための制度である。そのため、会社の所有者である社員（株主）の地位は細分化され、均一的な割合的単位である「株式」となる。株式会社における重要な原則は以下の4つである。

**【 株式会社における原則 】**

| ①株主平等 | 株主は、所有する持株数に応じて平等に扱われる（会社法109条1項）。 |
|---|---|
| ②間接有限責任 | 株主は、出資した額以上の責任を追及されることはない。 |
| ③株式譲渡自由 | 株主の投下資本の回収手段を確保するため、原則として株式は自由に譲渡できる（会社法127条）。 |
| ④資本充実・維持 | ②の裏返しとして、会社債権者に対する財産的基礎を確保するため、資本の確保・充実・維持が図られる。 |

### 2　株主の権利 ① ── 自益権と共益権

　株主には、大きく分けて自益権と共益権の2つの権利がある。

#### ① 自益権

　会社に対し、経済的な利益を要求する権利（例：剰余金配当請求権）

#### ② 共益権

　会社経営に参加し、業務執行を是正監督する権利（例：株主総会の議決権、代表訴訟請求権）

### 3　株主の権利 ② ── 少数株主権と単独株主権

　株主の権利に関するもう1つの区分として、少数株主権と単独株主権がある。

2で触れた自益権はすべて単独株主権であるが、共益権には単独株主権と少数株主権の両方がある。

（例：株主総会の議決権＝単独株主権、会計帳簿閲覧権＝少数株主権）

① 単独株主権

株主であれば、保有株数が1株でも行使できる権利である。

② 少数株主権

総株主の議決権の一定割合以上、または一定数以上の株式を保有する株主だけが行使できる権利である。

【 主な少数株主権 】

| 権利の種類 | 要件 |
|---|---|
| ①議題提案権<br>（会社法303条2項） | （取締役会設置会社において）総議決権の100分の1以上の議決権、または300個以上の議決権を公開会社では6ヵ月前から有する株主 |
| ②議案通知請求権<br>（会社法305条） | （取締役会設置会社において）総議決権の100分の1以上の議決権、または300個以上の議決権を公開会社では6ヵ月前から有する株主 |
| ③会計帳簿閲覧権<br>（会社法433条） | 総議決権の100分の3以上の議決権、または発行済み株式の100分の3以上の株式を公開会社では6ヵ月前から有する株主 |
| ④株主総会招集請求権<br>（会社法297条） | 総議決権の100分の3以上の議決権を公開会社では6ヵ月前から有する株主 |
| ⑤役員解任の訴え<br>（会社法854条） | 総議決権の100分の3以上の議決権、または発行済み株式の100分の3以上の株式を公開会社では6ヵ月前から有する株主 |

追加 ポイント

〈株主代表訴訟〉
- 公開会社では原則として6ヵ月前から引き続き株式を有する株主が、非公開会社ではすべての株主が、会社を代表して役員等に対して法的責任を追及するため訴訟を提起することができる制度である（会社法847条）。
- 平成26年改正法では、親会社の議決権の100分の1（定款でこれを下回る割合を定めた場合はその割合）以上を有すること等、一定の要件を満たす場合、完全親会社の株主が子会社の役員に対して株主代表訴訟を提起することを認める規定（多重代表訴訟制度）が追加された（会社法847条の3）。

過去問

令和4年度 第1問 株式の併合と分割の比較
令和元年度 第5問 株式と社債の比較

# B 論点5　各種の株式

**ポイント**

株式会社は実際には中小企業でも多く利用されていることから、会社法は中小企業を念頭に置き、株式について従来よりも柔軟な取扱いを認めている。具体的には、譲渡制限株式、自己株式、相続人等に対する株式売渡請求、種類株式（議決権や配当に関する異なる取扱い）などが挙げられる。

## 1 譲渡制限株式① ── 意義

　譲渡制限株式とは、譲渡には会社の承認を必要とすることを定款で定めた株式のことである。譲渡を承認する機関は原則として、取締役会を設置しない会社では株主総会、取締役会を設置する会社では取締役会である。会社は請求のあった日から2週間以内に、譲渡を承認するか否かを株主に通知しなければならない。2週間以内に株主に通知しなかった場合は、会社は譲渡を承認したものとみなされる。

　会社法では、議決権のある株式だけの譲渡制限や、株主間や従業員への譲渡には承認を要しないことにする等、柔軟な制度設計が可能である。

　なお、すべての株式について譲渡制限を付する会社を「株式譲渡制限会社」と呼び、それ以外（すべてまたは一部の株式に譲渡制限を付さない会社）を「公開会社」と呼ぶ。

## 2 譲渡制限株式② ── 相続人等に対する売渡請求

　従来は、株式を譲渡制限株式とした場合でも、相続や合併による株式の移転は制限できなかったため、会社にとって好ましくないものに株式が分散することを阻止できなかった。会社法では、定款で定めることにより、会社が相続等で移転した譲渡制限株式について売渡請求を行うことが可能となったため、会社の経営をより安定させることができるようになった。

## 3 自己株式

　自己株式とは、株式会社が発行した株式のうち、その会社自身で保有している株式のことである。自己株式については株主権が行使できない。自己株式は、余剰資金を用いて株式を消却したり、単位未満株を買い取ったりすることを目的に取得される。

自社株式の取得による自己株式化については、従来は定時株主総会での決議が必要とされていたが、会社法では臨時株主総会での決議でも可能となった。また、当該決議により承認された取得の期間を1年以内で自由に定めることができるとされた（会社法156条〜160条、162条）。

自己株式の有償取得は会社財産の払戻しであることから、債権者の保護を図るため、株主に対する配当と同様、分配可能額を超えて行うことはできない（会社法461条）。

## ❹ 種類株式

株式会社は、剰余金の配当や残余財産の分配、株主総会で議決権を行使できる事項などについて、内容の異なる2種類以上の株式を「種類株式」として発行できる。

この種類株式の一形態として、議決権制限株式がある。中小企業では、経営者の後継者以外へ相続する株式を議決権制限株式にするなどの用途がある。

種類株式制度を用いる際の注意点として、ある種類の株主の保護規定がある。種類株式を発行している会社では、下表の3種類の行為をし、種類株式の株主に損害を及ぼすおそれがあるときは、株主総会の特別決議（要件については【論点7】を参照）の他に、その種類株式の株主で構成される「種類株主総会」の特別決議が必要とされる（ただし、予め定款で必要としないと定めることが可能である）。

### 【 種類株主総会の特別決議が必要な場合（会社法322条）】

①株式の種類及び発行可能株式総数等に関する定款変更
②株主割当による新株発行
③合併等の組織再編

### 追加 ポイント

〈主な種類株式（議決権制限株式以外）〉
・優先株式（剰余金または残余財産の分配について、他の株式に優越する）
・無議決権株式（配当について優先株式であることの代償とされることが多い）
・黄金株（拒否権付き株式で、企業買収からの防衛に用いられる）

過去問
令和4年度 第6問（設問1）譲渡制限株式
令和3年度 第7問（設問2）事業承継における株式
令和2年度 第7問 自己株式

# B 論点6 株式会社の機関設計のルール

ポイント

従来、株式会社では一律に厳格な機関設計の定めがなされていた。会社法では、中小企業の実態に鑑み、機関設計の最低限の規律を維持しながら、それぞれの企業の実情に応じて必要な機関を選択し組織を構成していくことを認めている。

## 1 会社の機関の種類

会社法が認める株式会社の機関には、次の11種類がある。

### 【 株式会社の機関一覧 】

| ①株主総会 | 株式会社の最高意思決定機関。定時総会と臨時総会がある。 |
|---|---|
| ②取締役 | 株式会社の業務執行をする。 |
| ③取締役会 | 3人以上の取締役によって構成され、代表取締役の選任をはじめ、重要な業務について意思決定を行う。 |
| ④代表取締役 | 複数の取締役から選ばれる、会社の代表権を持つ取締役。 |
| ⑤監査役 | 取締役の業務執行や会社の会計を監査する。 |
| ⑥監査役会 | 3人以上の監査役(うち半数以上は社外監査役)で構成され、監査方針の決定や監査報告の作成などを行う。 |
| ⑦会計監査人 | 主に大企業において計算書類等の監査を行う機関。資格は公認会計士または監査法人に限定されている。 |
| ⑧会計参与 | 会社法で新設された機関で、取締役と共同して計算書類の作成などを行う。 |
| ⑨監査等委員会 | 監査等委員たる取締役(3名以上で過半数は社外取締役)により構成される。監査役と業務を執行しない取締役の機能を兼ねる。 |
| ⑩指名委員会等 | 主に大企業において機動的な経営と実効的な監督を可能にするために設けられた機関。 |
| ⑪執行役 | 指名委員会等設置会社において業務執行を担当する。執行役が複数の場合、その中から「代表執行役」を定める。 |

## 2 機関設計のパターン

株式会社においては、機関設計に関する規定に従いつつ、上記 **1** の中から必要な機関を選択し、組織を構成していくことになる。

機関設計に関する規定は、①株式譲渡制限会社か、②取締役会を設置するか、③大会社かそれ以外か、④委員会設置会社かで異なる。

## 【 株式会社の機関設計のルール 】

(◎=必須、○=任意、×=設置不可)

| | 株式譲渡制限会社 *1 | | | | 公開会社 *1 | | 監査等委員会設置会社 | 指名委員会等設置会社 |
|---|---|---|---|---|---|---|---|---|
| | 取締役会非設置会社 | | 取締役会設置会社 | | | | | |
| | 大会社以外 | 大会社 *2 | 大会社以外 | 大会社 | 大会社以外 | 大会社 | | |
| 株主総会 | すべての株式会社で◎ | | | | | | | |
| 取締役 | | | | | | | | |
| 取締役会 | × | × | ◎ | ◎ | ◎ | ◎ | ◎ | ◎ |
| 代表取締役 | ○ | ○ | ◎ | ◎ | ◎ | ◎ | ◎ *5 | × |
| 監査役 | ○ | ◎ | ○ *3 | ◎ | ◎ | ◎ | × | × |
| 監査役会 | × | × | ○ *4 | ○ | ○ | ◎ | × | × |
| 会計監査人 | ○ *4 | ◎ | ○ *4 | ◎ | ○ | ◎ | ◎ | ◎ |
| 会計参与 | ○ | ○ | ○ *3 | ○ | ○ | ○ | ○ | ○ |
| 監査等委員会 | × | | | | | | ◎ | × |
| 指名委員会等 | × | | | | | | × | ◎ |
| 執行役 | × | | | | | | × | ◎ |

*1 株式譲渡制限会社とは「すべての」株式に譲渡制限を付する会社、公開会社とはそれ以外の会社をいう([論点5]❶を参照)。
*2 大会社とは、資本金5億円以上または負債総額200億円以上の会社をいう。
*3 株式譲渡制限かつ取締役会設置かつ大会社以外の株式会社は、監査役か会計参与のどちらか、あるいは両方を設置しなければならない。
*4 会計監査人を設置する場合、監査役も設置しなければならない（監査等委員会設置会社および指名委員会等設置会社を除く）。
*5 監査等委員である取締役以外から選任しなければならない。

過去問

令和2年度　第6問（設問1）　株式会社の取締役会
令和2年度　第6問（設問2）　株式会社の監査役

# A 論点7 株主総会

### ポイント

株主総会は、株主によって構成される機関であり、株式会社の最高意思決定機関である。その決定事項は、取締役会非設置会社と取締役会設置会社で異なる。株主総会には、定時総会と臨時総会がある。決議要件は、決議事項の重要性によって異なっている。

## 1 株主総会とは

株主総会とは、株式会社の実質的な所有者である株主によって構成される機関であり、株式会社の最高意思決定機関である。

株主総会における決定事項は、以下のとおりである。

① 取締役会非設置会社：会社法に規定する事項及び株式会社の組織・運営・管理、その他株式会社に関する一切の事項。

② 取締役会設置会社：会社法に規定する事項及び定款で定めた事項のみ。

## 2 種類と招集手続

株主総会には、次の2種類がある。

① 定時株主総会：毎事業年度終了後、一定の時期に招集される総会

② 臨時株主総会：必要がある場合にはいつでも招集される総会

株主総会の招集は、原則として取締役が行う（会社法296条3項）。ただし、一定の要件を満たす株主も招集を請求することができる（【論点4】3 を参照）。

開催に先だち、株主に出席の機会と準備の時間を与えるため、開催日より2週間（取締役会を設置する株式譲渡制限会社においては1週間）前までに、書面または電磁的方法で招集通知を発しなくてはならない（会社法299条1項）。ただし、取締役会非設置会社においては、通知は開催日の1週間前まででよく、招集通知は口頭でもよい。

## 3 株主総会の決議要件

株主総会の決議は、原則として多数決により行う（会社法309条）。株主の議決権は、原則として1株について1議決権である（会社法308条）。

議案が可決されるための要件は、決議事項によって分かれており、普通決議、特別決議、特殊決議の順に厳重になる。特殊決議は、議決権数のみならず、「株主の人数で半数以上」という制約があるため、特別決議よりもさらに重い。

　なお、定足数は原則として定款で任意に定められる。ただし、特別決議や役員の選解任決議など一定の場合は株主の議決権の3分の1が最低線となる（会社法309条2項、341条）。また、特別決議の必要得票数は定款で会社法の規定よりも重くはできるが、軽くはできない（会社法309条2項）。

【 株主総会における決議要件 】

| | 定足数 | 可決に必要な票数 | 主な決議事項 |
|---|---|---|---|
| 普通決議 | 議決権を行使できる株主の議決権の過半数を有する株主の出席 | 出席株主の議決権の過半数 | 計算書類の承認<br>役員報酬の決定<br>役員の選任<br>取締役の解任<br>譲渡人を指定しない自己株式の取得 |
| 特別決議 | | 出席株主の議決権の3分の2以上 | 定款の変更<br>組織変更<br>資本金額の減少<br>監査役の解任<br>特定の譲渡人からの自己株式の取得 |
| 特殊決議 | | 議決権を行使できる株主の半数以上であって、当該株主の議決権の3分の2以上 | 株式の譲渡制限の定めをする場合における定款の変更 |
| | | 総株主の半数以上であって、当該株主の議決権の4分の3以上 | 株式譲渡制限会社において株主ごとに異なる取扱いを定める場合の定款変更 |

## ４ 議事録の備え置き

　株主総会の議事録は、各総会の日から10年間、本店に備え置かなければならない。支店がある場合には、議事録の写しを各総会の日から5年間、支店にも備え置かなければならない（会社法318条）。

〈株主総会に関する規律の見直し〉

令和元年会社法改正により、①株主総会資料の電子提供制度が創設されることとなった（令和4年9月1日施行）。会社は、株主総会資料を自社のホームページ等のウェブサイトに掲載（掲載開始日は株主総会の日の3週間前の日又は招集の通知を発した日のいずれか早い日）し、株主に対し、当該ウェブサイトのアドレス等を書面により通知することによって、株主総会資料を提供することができるようになる（会社法325条の2以下）。また、②株主提案権の濫用的な行使を制限するための措置として、取締役設置会社の株主が同一の株主総会において提出することができる議案数の上限が10までとなった（会社法305条4項。令和3年3月1日施行）。

| 過去問 | |
|---|---|
| 令和5年度 第1問 | 株主総会 |
| 令和4年度 第3問 | 株主総会（株主提案権） |
| 令和4年度 第7問 | 合弁会社における株主総会 |
| 令和2年度 第3問 | 株主総会及び取締役会の議事録 |
| 令和元年度 第6問（設問1） | 株主総会の招集通知 |
| 令和元年度 第6問（設問2） | 株主総会における株主提案 |

# A 論点8 取締役、取締役会、代表取締役

> 取締役は、株式会社の業務執行をする必置の機関である。従来は３人以上の取締役を選任し取締役会を構成することが、すべての株式会社に課せられた義務であった。会社法は、株式譲渡制限会社では取締役会の設置を任意とした。取締役は、会社及び第三者に対して各種の責任を負う。

## 1 取締役

取締役とは、株式会社の業務執行をする機関であり、すべての株式会社において設置すべき機関である。員数は原則として最低１人（会社法326条１項）、後述の取締役会を設置する場合は３人以上必要である（同331条５項）。

### ① 選任手続と任期

取締役は、株主総会の普通決議で選出及び解任される（会社法329条、同339条）。任期は原則として選任後２年以内に終了する事業年度のうち最終のものに関する定時株主総会終結まで（定款または株主総会の普通決議で短縮可）である。ただし、株式譲渡制限会社（監査等委員会設置会社および指名委員会等設置会社を除く）においては、定款で任期を10年以内の期間に伸長することができる（同332条２項）。

### ② 会社に対する責任　（主な義務は以下のとおり）

### 【 取締役の会社に対する主な義務 】

| 種類 | 内容 |
|---|---|
| 善管注意義務<br>（会社法330条、民法644条） | 会社と取締役は委任関係にあり、取締役は受任者として善良なる管理者の注意義務を負う。 |
| 忠実義務<br>（会社法355条） | 法令・定款・株主総会の決議を遵守し、会社のために忠実に職務を遂行する義務を負う。 |
| 競業避止義務<br>（会社法356条１項１号） | 会社の事業と競合する取引をする場合、株主総会（取締役会設置会社においては取締役会）の承認を受けなければならない。 |
| 利益相反取引規制<br>（会社法356条１項２・３号） | 会社と取引をする場合、株主総会（取締役会設置会社においては取締役会）の承認を受けなければならない。会社が取締役の債務を保証する場合など、直接の取引以外でも利益が相反する場合も同様。 |
| 会社に対する損害賠償責任<br>（会社法423条） | 任務懈怠（過失）により会社に損害を与えた場合、それを賠償する責任を負う。ただし、取締役が自己のために利益相反取引をした場合は、過失がなくても損害賠償責任を負う（会社法428条）。 |

### ③ 第三者に対する責任

　取締役が会社の業務執行において、故意または重過失によって第三者に損害を与えた場合、それを賠償する責任が生じる（会社法429条1項）。第三者から取締役に対する責任の追及は、会社が倒産した場合に債権者が債権を回収する手段としてよく利用される。

## ② 取締役会・代表取締役

　取締役会は、3人以上の取締役で構成される機関であり、代表取締役の選任や業務執行の決定など会社の根本的意思決定を行う。会社法は、株式譲渡制限会社については取締役会の設置を任意とする。

　取締役会設置会社においては、取締役の中から会社を代表する「代表取締役」を選任しなければならない（会社法362条3項）。取締役会非設置会社においては、代表取締役の設置は任意である。

　取締役会設置会社における代表取締役の選任は、取締役会の決議による（会社法362条3項）。解職（代表権のない取締役にすること）は、解職対象者を除く取締役の過半数が出席した取締役会で、出席取締役の過半数の賛成により行う（会社法369条1項・2項）。

---

### 追加 ポイント

〈社外取締役〉
- 株式会社の取締役で、①現在または過去10年以内において当該会社または子会社の業務執行取締役等でなく、②親会社の取締役等でなく、③兄弟会社の業務執行取締役等でなく、④当該会社の取締役等の配偶者または2親等内の親族でないものをいう。
- 監査等委員会設置会社および指名委員会等設置会社では、委員の過半数は社外取締役でなければならない（会社法331条6項、400条3項）。
- 令和元年会社法改正により、上場会社は社外取締役を置かなければならないこととなった（会社法327条の2。令和3年3月1日施行）。

---

| 過去問 | |
|---|---|
| | 令和5年度　第2問　取締役と監査役の選解任 |
| | 令和5年度　第3問　取締役会 |
| | 令和4年度　第2問　取締役と監査役の比較 |
| | 令和3年度　第6問　取締役会と監査役会の比較 |
| | 令和2年度　第3問　株主総会及び取締役会の議事録 |

# A 論点9　監査役、監査役会、会計参与、会計監査人

## ポイント

取締役・取締役会の業務執行や会計の適正を確保するための機関として、監査役、監査役会、会計参与、会計監査人がある。これらの機関設置の組み合わせについては、【論点6】を参照して確認しておきたい。

## 1 監査役

監査役とは、取締役及び会計参与の業務を監査する機関である。監査役の監査には、①業務監査（取締役の職務執行が法令・定款に適合しているかどうかを監査すること、会社法381条）と、②会計監査（計算書類ならびに附属明細書などを監査し監査報告書を作成すること、会社法436条1項）がある。

ただし、非公開会社かつ監査役会・会計監査人を設置していない会社では、定款により監査役の権限を会計監査に限定することができる。平成26年改正では、監査役の権限を会計監査に限定する会社は、その旨を登記することとされた。

会社との委任関係、選任については取締役と同様である。ただし、解任については株主総会の特別決議を要する（会社法309条2項7号、343条4項）。

監査役の任期は、原則として選任後4年以内に終了する事業年度のうち最終のものに関する定時株主総会終結までであり、取締役とは異なり短縮できない。

## 2 監査役会

監査役会は、3人以上の監査役で構成される機関であり、そのうちの半数以上は、社外監査役でなければならない。社外監査役の要件は、【論点8】追加ポイントで述べた社外取締役の要件と同様である。

監査役会の主な役割は、以下の5つである。

① 監査報告の作成　　　　　　② 常勤の監査役の選定及び解職
③ 監査の方針、監査役会設置会社の業務及び財産の状況の調査の方法、その他の監査役の職務の執行に関する事項の決定
④ 株主総会に提出する会計監査人の選任等に関する議案の決定
⑤ 会計監査人の解任（職務上の義務違反や職務懈怠があった場合）

## 3 会計参与

会計参与は、中小規模の株式会社が財務の健全性を確保することを目的とし

て、会社法により新設された機関である。会計参与の資格は公認会計士、監査法人、税理士、税理士法人に限定されている。

会計参与は、計算書類の作成にあたる会社の内部機関であり、作成された計算書類が会計基準に照らして適正に作成されているかを外部からチェックする会計監査人とは異なる。

会計参与は株式会社の役員であり、会社との関係、選任・解任手続は取締役と同様である。

任期は原則として選任後2年以内に終了する事業年度のうち最終のものに関する定時株主総会終結まで（定款または株主総会の普通決議で短縮可）である。ただし、株式譲渡制限会社（監査等委員会設置会社および指名委員会等設置会社を除く）においては、定款で任期を10年以内の期間に伸長することができる。

## 4 会計監査人

会計監査人とは、主として大規模な株式会社において、計算書類などの監査を行う機関である。会計監査人の資格は公認会計士または監査法人に限定されており、これら以外の者が就任することはできない。

会計監査人は株式会社の役員ではないが、会社との関係は取締役と同様である。平成26年改正では、会計監査人の独立性を確保するため、会計監査人の選任・解任・不再任について株主総会に提出する議案決定権限が、取締役会から監査役会に移された。

会計監査人の任期は、選任後1年以内に終了する事業年度のうち最終のものに関する定時株主総会終結までであるが、当該総会において別段の定めがなされなかった場合、再任されたものとみなされる。また、取締役・監査役と異なり、任期の短縮や伸長は認められない。

### 追加 ポイント

〈役員等の責任限定契約 ― 平成26年改正法〉
会社法は、社外取締役、会計参与、社外監査役、会計監査人について、定款に定めを置いて会社に対する損害賠償責任を事前に限定する契約（責任限定契約）を結ぶことを認めた。平成26年改正法では、責任限定契約を締結できる役員等の範囲が、すべての非業務執行取締役、監査役にまで広げられた。

過去問
令和5年度　第2問　取締役と監査役の選解任　　令和5年度　第4問　監査役
令和4年度　第2問　取締役と監査役の比較　　　令和3年度　第6問　取締役会と監査役会の比較
令和2年度　第6問（設問2）　株式会社の監査役

# 論点10　指名委員会等設置会社、監査等委員会設置会社

**ポイント**

指名委員会等設置会社とは、監督機能を強化するために、経営の監督機能と業務執行機能を分離した株式会社である。監査等委員会設置会社とは、平成26年改正法で導入された、監査役会設置会社と指名委員会等設置会社の中間に位置する形態の株式会社である。

## 1 指名委員会等設置会社とは

指名委員会等設置会社とは、社外取締役を中心とした指名委員会、監査委員会、報酬委員会の3つの委員会を設置し、業務執行を担当する役員として執行役を置くことにより、経営の監督機能と業務執行機能とを分離した株式会社である。

本来、取締役会と監査役・監査役会が代表取締役の業務執行を監督すべきであるが、取締役や監査役の大半は社内で昇進してきた者であり、監督機能が十分に発揮されないことが多かった。そこで、コーポレート・ガバナンスを強化し、経営の透明性を高めるために設けられたのが、この指名委員会等設置会社である。

## 2 指名委員会等設置会社の統治システム

従来、取締役が行ってきた業務執行は執行役に移り、取締役会の権限は基本的な経営事項の決定と執行役及びその職務執行の監督となる。なお、執行役は取締役を兼ねることができ、指名委員会等設置会社の取締役の任期は1年である。

各委員会はそれぞれ取締役3名以上で組織され、その過半数は社外取締役で構成される。各委員会の権限は下表のとおりである。

**【3つの委員会の権限】**

| ① 指名委員会 | 株主総会に提出する取締役（会計参与設置会社では会計参与も含む）の選任や解任に関する議案の内容の決定 |
|---|---|
| ② 報酬委員会 | 個人別の役員報酬等の内容の決定 |
| ③ 監査委員会 | 執行役・取締役（会計参与設置会社では会計参与も含む）の職務の執行の監査及び監査報告の作成 |

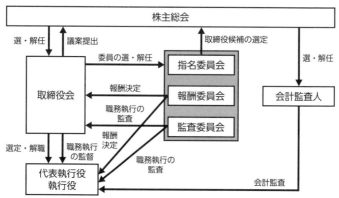

**【 指名委員会等設置会社の統治システム 】**

出所：J-Net21ホームページをもとに編者が一部加筆

## 3 監査等委員会設置会社

　日本企業で不祥事が相次ぎ、グローバル化の観点から経営のチェック機能を強化することが求められたため、2003年の商法特例法で委員会設置会社の制度が導入され、会社法がこれを引き継いだ。しかし、社外取締役が過半数で構成される指名委員会が取締役を指名し、報酬委員会が取締役の報酬を決めることに対する抵抗感は根強く、委員会設置会社に移行する会社は少なかった（2013年6月時点で50社）。

　そこで、平成26年改正法で新たに「監査等委員会設置会社」の制度が導入され、従来の委員会設置会社は「指名委員会等設置会社」と改称された。

　監査等委員会設置会社では、監査役は設置されず、「監査等委員会」が監査を行う。監査等委員会は3名以上の取締役（監査等委員）で構成され、その過半数は社外取締役であることを要する（会社法331条6項）。監査等委員である取締役の任期は2年（短縮不可）、それ以外の取締役の任期は1年である。

　監査等委員会設置会社は、取締役に対する監督を監査等委員会が行い、かつ会社の意思決定を行う取締役会に監査等委員会の構成員が取締役として参加する仕組みであって、いわば監査役会設置会社と指名委員会等設置会社の中間に位置するものである。

過去問　令和2年度　第6問（設問2）　株式会社の監査役

# 論点11　会社の計算

**ポイント**

計算とは、株式会社の利益や財産の算定、財務内容の開示などに関する規定である。計算に関する会社法の規定は、大きく分けて、資本金や準備金に関するもの、配当に関するもの、計算書類等に関するものがある。

## 1 資本金及び準備金

株式会社の資本金の額は、原則として設立または株式の発行に際し、株主となる者が当該会社に対して払込（金銭）または給付（金銭以外）をした財産の額である。ただし、株式会社は、払込または給付された額の2分の1を超えない額を、資本金に計上しないことができる。その場合、資本金に計上しない額は資本準備金に計上しなければならない（会社法445条）。

## 2 減資

株式会社は、資本金の額を減少させることができ、ゼロ円まで減資することも可能である。ただし、株主及び会社債権者の保護の観点から、以下のような規制が設けられている。

減資には、原則として株主総会の特別決議が必要である（会社法447条1項、309条2項9号）。ただし、定時株主総会の決議であり、かつ減資後に分配可能額が生じない（欠損の補填目的）場合には、普通決議でよい。また、株式の発行と同時に減資をする場合において、当該発行によって生じる資本金の額が当該減資の額を下回らない場合は、取締役の決定（取締役会設置会社においては取締役会決議）で足りる（会社法447条3項）。

さらに、債権者保護手続（官報の公告と知れたる債権者への個別催告）を行わなければならない（会社法449条2項）。債権者保護手続は、株主総会特別決議によらない場合であっても省略できない。

## 3 剰余金の配当

剰余金とは、貸借対照表の資産の額と自己株式の簿価の合計額から負債・資本金・準備金などを減じて得た額をいい、会社はその中から配当を行う。

剰余金の配当は、株主総会の普通決議（期中の場合は臨時株主総会）により、いつでも、何回でも可能である（会社法453条）。また、取締役会設置会社に

おいては、1事業年度に1回に限り、取締役会決議により中間配当を行うことができる（会社法454条5項）。

また、会社法では、現物配当、すなわち金銭以外の財産による配当を認めている。現物配当は、株主に対して、金銭分配配当請求権（配当された現物に代えて金銭を交付することを株式会社に請求する権利、会社法454条4項1号）を与える場合は株主総会の普通決議で可能であるが、与えない場合は株主総会の特別決議（会社法309条2項10号）が必要である。

さらに、株式会社は、純資産の額が300万円未満のときは、資本充実の観点から、配当を行うことができない（会社法458条）。

## 4 計算書類等

計算書類とは、事業内容と財産状態を明らかにするための書類であり、①貸借対照表、②損益計算書、③株主資本等変動計算書、④個別注記表の4つを指す。その他、事業報告と附属明細書をあわせて「計算書類等」と呼ばれる（会社法435条2項、会社計算規則59条）。計算書類等は、作成したときから10年間保存しなければならない（会社法435条4項）。

監査役設置会社では、原則として、計算書類等について監査役の監査を受け（会社法436条1項）、その後に取締役会設置会社では取締役会の承認を受ける（会社法436条3項）。さらに、原則として、定時株主総会の承認を受ける（会社法438条2項）。

株式会社は、定時株主総会の終結後遅滞なく、貸借対照表を（大会社では損益計算書も）公告しなければならない（会社法440条1項）。ただし、有価証券報告書の提出会社は決算公告は不要である（会社法440条4項）。

---

追加 ポイント

〈旧法から会社法への変更点〉
以前は、最低資本金の制度が導入されており、株式会社1,000万円、有限会社300万円とされていた。会社法によって、最低資本金の制限は撤廃された。

 過去問　過去5年間での出題はない。

# B 論点12 独占禁止法と下請法

独占禁止法は、公正かつ自由な競争の促進により、一般消費者の利益保護と健全な経済発達を図ることを目的とする。同法は6類型の行為を規制する。独占禁止法の特別法として、下請法が制定されている。

## 1 独占禁止法（私的独占の禁止及び公正取引の確保に関する法律）とは

独占禁止法は、公正かつ自由な競争を促進することによって、一般消費者の利益を確保し、民主的で健全な国民経済の発達を図ることを目的とする（独占禁止法1条）。同法は、大きく分けて6類型の行為を規制している。

【 独占禁止法の規制する行為 】

| 類　型 | 内　容 |
|---|---|
| ①私的独占の禁止 | 他の事業者の事業活動を排除・支配することにより、競争を実質的に制限すること |
| ②不当な取引制限の禁止 | 他の事業者と協定を結ぶことにより、競争を実質的に制限すること（カルテル、入札談合） |
| ③不公正な取引方法の禁止 | 公正な競争を阻害する行為で、再販売価格の拘束や、15種類の一般指定行為（不当廉売、抱き合わせ販売、優越的地位の濫用など）が定められている |
| ④事業者団体による一定の行為の規制 | 事業者数の制限、構成事業者の活動制限、不公正な取引活動の推奨など |
| ⑤企業結合の規制 | 市場支配力の過度の集中を防止するため、合併や事業譲受を制限する |
| ⑥独占的状態の規制 | ある事業者の独占により価格の下方硬直性がみられる場合、事業の一部譲渡を命じる |

## 2 独占禁止法の運用

独占禁止法の運用（一般指定行為の決定や違反行為の摘発等）は、内閣総理大臣が所轄し、準司法的な機能を持つ「公正取引委員会」が行う。私的独占・不当な取引制限をした者・実質的競争制限をした者は、5年以下の懲役または500万円（事業者・事業者団体は5億円）以下の罰金が科せられる（独占禁止法

89条、95条)。

### 3 課徴金減免制度

　課徴金減免制度とは、独占禁止法に違反する取引制限(カルテル、入札談合)を行った企業が、公正取引委員会にその事実を報告し資料を提供した場合に、課徴金を減免する制度である。

　令和元年改正(令和2年12月25日施行)により、公正取引委員会の調査に協力するインセンティブを高めること等を目的として、新たに事業者が事件の解明に資する資料の提出等をした場合に公正取引委員会が課徴金の額を減額する仕組み(調査協力減算制度)を導入するとともに、減額対象事業者数の上限を廃止することとされた。

**【 申込順位と減免率 】**

| 調査開始 | 申請順位 | 申請順位に応じた減免率 | 協力度合いに応じた減算率 |
|---|---|---|---|
| 前 | 1位 | 全額免除 | |
| | 2位 | 20% | +最大40% |
| | 3〜5位 | 10% | |
| | 6位以下 | 5% | |
| 後 | 最大3社(注) | 10% | +最大20% |
| | 上記以下 | 5% | |

(注)公正取引委員会の調査開始日以降に課徴金減免申請を行った者のうち、減免率10%が適用されるのは、調査開始日前の減免申請者の数と合わせて5社以内である場合に限る。

出所:公正取引委員会ウェブサイト

### 4 下請法(下請代金支払遅延等防止法)とは

　下請取引に関する不当な行為は、独占禁止法が禁止する「不公正な取引方法」の一類型たる「優越的地位の濫用」として規制される。しかし、優越的地位や濫用の認定には長期間を要し、下請事業者が違反行為により被った不利益の救済が不十分であった。そこで、独占禁止法を補完するために制定された特別法が、下請法(下請代金支払遅延等防止法)である。

　下請法では、優越的地位にあたるかは資本金により機械的に判断でき、濫用

にあたるかはできるだけ形式的要素で判断できるようにして、迅速な処理を図っている。さらに、下請法違反行為について命令ではなく「勧告」という行政指導により、親事業者に下請事業者が被った不利益の救済（原状回復）を含めて是正を促し、下請事業者の保護を強化している。

平成15年改正では、規制対象がソフトウェア作成およびサービス分野の事業者に広げられ、物品の製造・修理委託と情報成果物の作成・役務提供委託を区別して、「親事業者」と「下請事業者」の定義が定められた（下図）。

なお、親事業者が上記の勧告に従わない場合、公正取引委員会は改めて「優越的地位の濫用」に該当するかを調査し、該当すると認定した場合、当該親事業者に対して排除措置命令を下す。

## 【 下請法の適用範囲 】

(1) 物品の製造・修理委託及び政令で定める情報成果物・役務提供委託<sup>(注)</sup>を行う場合

| 親事業者 | 下請事業者 |
| --- | --- |
| 資本金3億円超 | 資本金3億円以下（個人含む） |
| 資本金1千万円超3億円以下 | 資本金1千万円以下（個人含む） |

(注) 政令で定める情報成果物作成委託…プログラム
政令で定める役務提供委託…運送、物品の倉庫における保管、情報処理

(2) 情報成果物の作成・役務提供委託を行う場合（(1) の情報成果物・役務提供委託を除く）

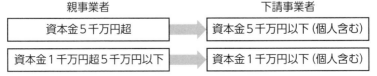

| 親事業者 | 下請事業者 |
| --- | --- |
| 資本金5千万円超 | 資本金5千万円以下（個人含む） |
| 資本金1千万円超5千万円以下 | 資本金1千万円以下（個人含む） |

出所：公正取引委員会・中小企業庁「下請取引適正化推進講習会テキスト（令和4年11月）」

親事業者には、発注書面の交付など4つの義務が課せられ、下請代金の支払遅延や買いたたきなど11の行為が禁止される。

## 【 親事業者の義務・禁止行為 】

| | |
|---|---|
| **親事業者の義務** | ①発注書面の交付<br>　（給付の内容や受領する期日等を記載した書面を直ちに交付）<br>②発注書面の作成・保存<br>　（給付の内容や下請代金等について記載した書類を作成し2年間保存）<br>③下請代金の支払期日設定<br>　（下請代金の支払期日を物品等の受領または役務の提供後60日以内（できる限り短い期間内）で設定）<br>④遅延利息の支払い<br>　（③で定めた支払期日までに下請代金を支払わない場合、物品等の受領または役務の提供後60日を経過した日から支払日までの間、年14.6%の遅延利息を支払い） |
| **親事業者の禁止行為** | ①受領拒否　②下請代金の支払遅延<br>③下請代金の減額　④返品　⑤買いたたき<br>⑥物の購入強制・役務の利用強制　⑦報復措置<br>⑧有償支給原材料等の対価の早期決済<br>⑨割引困難な手形の交付<br>⑩不当な経済上の利益提供要請<br>⑪不当な給付内容の変更及び不当なやり直し |

## 追加 ポイント

〈消費税転嫁対策特別措置法〉
- 平成26年4月1日からの消費税率引上げに際し、円滑かつ適正な転嫁を目的として制定された法律である。令和3年3月31日をもって失効したが、執行前に行われた転嫁拒否等の行為は、失効後も監視・取締りの対象となる。
- 同法が禁止する転嫁拒否行為は、①減額、②買いたたき、③商品購入・役務利用・利益提供の要請、④本体価格での交渉拒否、⑤報復行為の5種類である。
- 行政機関による調査や立入検査の結果、違反行為が行われていると認められるときは、指導・助言が行われる。また、違反の程度が大きいときや指導・助言に従わないときは、必要な措置をとるよう勧告し、その旨が公表される。調査や立入検査に応じなかった場合は50万円以下の罰金に処されるが、違反行為そのものについて罰則はない。
- 中小企業を含む法人事業者が、法人事業者(資本金3億円以下)・個人事業者から商品・役務を購入する場合は、同法による転嫁拒否行為の禁止対象となる。この点、発注側と受注側の規模により形式的に適用対象か否かが決まる下請法(下請代金支払遅延等防止法)とは異なるので、要注意。

過去問
令和5年度　第7問　独占禁止法
令和4年度　第17問(設問2)　独占禁止法
令和元年度　第7問　下請法

# 論点13 製造物責任法 (PL法)

## ポイント

製造物責任法 (PL法) は、製造物の欠陥から生じた損害について、メーカーとの力の不均衡から一般消費者による責任追及が困難であることに鑑み、消費者保護の観点から制定された。同法の定める「欠陥」と「製造業者等」には、それぞれ3類型がある。

## １ 製造物責任法 (PL法) の目的

　一般消費者が製造物の欠陥から生じた損害についてメーカーの責任を追及する手段としては、一般法たる民法の不法行為責任がある。しかし、不法行為責任追及のためには、製造物の欠陥という客観的な事実に加え、メーカー側の故意・過失を立証しなければならず、実際には責任追及は困難である。

　そこで、製造物責任法が制定され、製品の欠陥を立証できれば、メーカー側の故意・過失を立証することなく、責任を追及することができるとされた。

## ２ 「製造物」と「欠陥」

　本法の「製造物」とは、製造または加工された動産であり、一般には大量生産された工業製品を指す。したがって、収穫、漁獲、採取、採掘されただけの農林水産物・鉱物などには適用されない。また、不動産にも適用されない。

　また、「欠陥」とは、当該製造物が通常有すべき安全性を欠いていることをいう。具体的には、次の3態様がある。

### 【 「欠陥」の3つの態様 】

| ①設計上の欠陥 | 製造物の設計について欠陥が存在した場合 |
|---|---|
| ②製造上の欠陥 | 設計には問題がなかったが、製造段階で欠陥が生じた場合 |
| ③指示・警告上の欠陥 | 設計や製造に問題はなかったが、その製品に存在する危険を知らせるべき取扱説明書や警告ラベルに欠陥があった場合 |

## ３ 責任を負うべき「製造業者等」

　本法において、製造物の欠陥により生じた被害に対して責任を負う「製造業者等」は、次の3種類である。

## 【「製造業者等」の3種類】

| ①当該製造物を業として製造、加工または輸入した者 |
|---|
| ②製造業者として当該製造物にその氏名、商号、商標その他の表示をした者、または製造業者と誤認させるような氏名などの表示をした者 |
| ③当該製造物の製造、加工、輸入または販売その他の事情から当該製造物にその実質的な製造業者と認めることができる表示をした者 |

## ◢ 賠償の対象となる「損害」

　本法は、製造物の欠陥によって、人の生命、身体または財産に被害が生じた場合に、製造業者等に損害賠償責任が生じるとする。すなわち、損害が当該製造物についてのみ生じ、その製造物から拡大した損害が生じなかった場合、本法の責任は負わない。

（例：自動車の電気系統から煙が出て、自動車は動かなくなったが、人や財産にその他の損害は生じなかった場合）

## ◢ 責任追及の期間

　本法による製造物責任の追及には、消滅時効が設けられている。

## 【製造物責任を追及できる期間】

| ①被害者（またはその法定代理人）が損害と賠償義務者を知ってから3年以内（損害が人の生命または身体に係るものである場合は5年以内） |
|---|
| ②製造業者等が当該製造物を引き渡してから10年以内 |
| ③身体に蓄積することによって人の健康を害する物質による損害、または、一定の潜伏期間が経過した後に症状が現れる損害については、その損害が発生してから10年以内 |

### 追加 ポイント

〈製造業者等の免責〉
次のいずれかを立証すれば、製造物責任を免責される。①製造業者等がその製造物を引き渡した時における科学・技術の知見では欠陥を認識できなかったこと、②その欠陥が専ら他の製造業者が行った設計に関する指示に従ったことにより生じ、かつその欠陥が生じたことにつき過失がないこと。

過去問

令和5年度　第18問　製造物責任法

# B 論点14 消費者保護に関する法律

### ポイント

製造物責任法 (PL法) 以外に、一般消費者の利益を保護することを目的とした主な法律として、消費者保護の一般法である消費者基本法のほか、景品表示法、消費者契約法、割賦販売法、特定商取引法がある。

## 1 消費者基本法

1968年に「消費者保護基本法」として制定され、その後の社会状況の変化 (規制緩和、高度情報社会化など) に対応するため、2004年の改正により本法となった。消費者の権利、事業主の責務、行政機関の責務等を規定している。

## 2 消費者契約法

消費者と事業者の情報・交渉力の格差を考慮して、契約自由の原則 (Ⅲ【論点2】を参照) を修正する法律である。平成28年改正法、平成30年改正法、令和4年改正法と、高齢化の進展等の変化をふまえて、消費者保護を強化する方向への変更がなされた。

不適切な勧誘方法により締結された契約は、一定期間 (追認可能時から1年以内かつ契約締結時から5年以内) 取り消すことができるとする。また、消費者にとって一方的に不利な内容の契約条項を無効とする。

### 【 消費者契約法のポイント 】

①消費者が事業者と結んだすべての契約 (労働契約を除く) が対象
②契約の締結に際して不当な勧誘があった場合、契約を取り消すことができる
③契約の中で消費者の権利を不当に害する条項は、無効とする

### 【 消費者が取り消せる不適切な勧誘行為の類型 】

①契約の重要事項に関する不実の告知
　　契約の目的物に関しない事項についての不実の告知も含まれる。
　　例) シロアリが発生していると嘘を言い、駆除サービスの契約をさせた
②契約における不確実な事項についての断定的判断の提供
③不利益事実の故意の不告知
④不退去、長時間の拘束
⑤過量販売
　　例) 判断能力の低下につけ込み、ほとんど外出しない高齢者に着物を何十着も購入させた

⑥勧誘をすることを告げずに、退去困難な場所へ同行し勧誘（令和４年改正により追加）
⑦威迫する言動を交え、相談の連絡を妨害（令和４年改正により追加）
⑧契約前に目的物の現状を変更し、原状回復を著しく困難に（令和４年改正により追加）
⑨霊感等による告知を用いた勧誘（令和４年改正により追加）

### 【無効とされる主な条項】

①事業者の債務不履行によって消費者に生じた損害を賠償する責任の全部または一部を免除する条項
②事業者の不法行為によって消費者に生じた損害を賠償する責任の全部または一部を免除する条項
③事業者の債務不履行等があっても、消費者の解除権を放棄させる条項
④消費者が負担する遅延損害金の年率を14.6%超とする条項
⑤その他、消費者の利益を一方的に害する条項

### 【消費者契約法　平成30年改正の主な内容】

①取り消しうる不当な勧誘行為の追加等（社会生活上の経験不足の不当な利用，加齢等による判断力の低下の不当な利用，霊感等による知見を用いた告知，契約締結前に債務の内容を実施等，不利益事実の不告知の要件緩和）
②無効となる不当な契約条項の追加等（消費者の後見等を理由とする解除条項，事業者が自分の責任を自ら決める条項）
③事業者の努力義務の明示

### 【消費者契約法　令和４年改正の主な内容】

①契約の取消権を追加
②解約料の説明の努力義務化
③免責の範囲が不明確な条項の無効
④事業者の努力義務の拡充（契約解除に必要な情報提供、適格消費者団体の要請に応じて差止請求を受けて講じた措置の開示）
※令和5年6月1日施行
⑤霊感等による告知を用いた勧誘に対する取消権
⑥霊感等による告知を用いた勧誘に対する取消権の行使期間の伸長
※令和5年1月5日施行

## 3 景品表示法（不当景品類及び不当表示防止法）

　一般消費者による自主的かつ合理的な選択を阻害するおそれのある事業者の行為を制限または禁止し、不当な顧客の誘引を防止して消費者の保護を図る。

### ① 過大な景品提供の規制─景品類の最高価額、総額、提供方法等を制限する

## 【 景品類に関する規制内容 】

| | 取引価額 | 景品類の最高額 | 景品類の総額制限 |
|---|---|---|---|
| 一般懸賞 | 5,000円未満 | 取引価額の20倍 | 売上予定総額の2% |
| | 5,000円以上 | 10万円 | |
| 共同懸賞 | 金額を問わず | 30万円 | 売上予定総額の3% |
| 総付景品 | 1,000円未満 | 200円 | 制限なし |
| | 1,000円以上 | 取引価額の10分の2 | |

## ② 不当表示の禁止──消費者に誤認を与える３類型の行為を禁止する

### 【 不当表示の類型 】

| | |
|---|---|
| 優良誤認表示 | 商品内容が実際のものや競争業者のものより著しく優良と誤認される表示 |
| 有利誤認表示 | 価格、取引条件が実際のものや競争業者のものより著しく有利と誤認される表示 |
| その他の誤認表示 | 無果汁の清涼飲料水等についての表示、原産国に関する表示など、内閣総理大臣が指定する表示 |

　景品表示法にいう「表示」とは、顧客を誘引するための手段として、事業者が自己の供給する商品・サービスの品質、規格、その他の内容や価格等の取引条件を消費者に知らせる広告や表示全般を指す（景品表示法２条４項）。すなわち、商品、包装、チラシ等に加え、口頭による広告や表示も含まれる。

　消費者庁長官は、優良誤認表示に該当するか否かを判断する必要がある場合には、期間を定めて、事業者に表示の裏付けとなる合理的な根拠を示す資料の提出を求めることができ、合理的な根拠を示す資料が提出されない場合は、当該表示は不当表示とみなされる（同法４条２項、不実証広告規制）。

　平成26年改正法では、優良誤認表示および有利誤認表示により措置命令を受けた企業に対する課徴金（不当表示があった商品やサービスについて最大３年分の売上額の3%）の制度が設けられた。ただし、不当表示を中止して５年以上経過した場合、相当の注意をした場合（例：商品の仕入先に表示の根拠を確認した等）、および課徴金額が150万円未満の場合は対象とならない。また、不当表示を自主申告した事業者は、課徴金額の２分の１が減額される。

令和5年改正では、①確約手続の導入、②課徴金制度における返金措置の弾力化、③課徴金制度の見直し、④罰則規定の拡充、⑤国際化の進展への対応、⑥適格消費者団体による開示要請規定の導入がなされた（施行日未定）。また、令和5年10月1日より、いわゆる「ステルスマーケティング」が不当表示として指定された（景品表示法5条3号）。

## 4 割賦販売法

　①購入者等の利益を保護すること、②割賦販売等に係る取引を公正にすること、③商品等の流通、役務の提供を円滑にすること、の3つを目的として、クレジット取引等（2ヵ月を超える支払条件のもの）を対象に、事業者が守るべきルールを定める。

　同法は、事業者に対して消費者への情報開示と書面の交付を義務付けるとともに、クーリング・オフ（事業者から書面でクーリング・オフが可能と告げられてから8日以内に書面で発信すれば、無条件に申込の撤回または契約解除が可能な制度）を規定している。

　平成20年の法改正では、①不動産販売を除くすべての商品・役務を対象とする、②販売契約とクレジット契約の両方をクーリング・オフできるようにする、という大きな改正がなされた。

　さらに、平成28年の法改正では、クレジットカードを取り扱う加盟店におけるクレジットカード番号等の漏えい事件や不正使用被害の増加をふまえて、次の変更がなされた。

【 割賦販売法　平成28年改正の主な内容 】

①加盟店管理の強化
　（登録制度の創設、加盟店への調査を義務付け）
②加盟店におけるクレジットカード番号等のセキュリティ対策の義務付け
③FinTech企業のさらなる参入を見据えた環境整備
④特定商取引法（後述）の平成28年改正に対応するための措置
　（過量販売規制、取消権の行使期間の伸長）

　令和2年法改正では、カード会社の与信審査方法の変化や後払いサービス・スマホ決済の拡大に対応し、また依然として高まるクレジットカード番号の情報漏洩リスクに対応するため、次の改正が行われた。

## 【 割賦販売法　令和2年改正の主な内容 】

① 「認定包括信用購入あっせん業者」の創設
② 「登録少額包括信用購入あっせん業者」の創設
③ クレジットカード番号等の適切管理の義務主体の拡充
④ 書面交付の電子化
⑤ 業務停止命令の導入

## 5 特定商取引法

　事業者による違法・悪質な勧誘行為等を防止するとともに、消費者の利益を守ることを目的として、消費者トラブルを生じやすい取引類型を対象に、事業者が守るべきルールとクーリング・オフ等の消費者を守るルールを定める。

　同法は、訪問販売、通信販売、電話勧誘販売、連鎖販売取引（マルチ商法）、特定継続的役務提供、業務提供誘引販売取引（内職商法）、訪問購入（平成24年改正で追加。貴金属等の買取りのこと）の7類型を、「特定商取引」として規制する。

　規制内容は基本的に割賦販売法と同じであり、情報開示、書面交付、クーリング・オフ制度が含まれる。クーリング・オフについては、①通信販売には適用されないこと、②連鎖販売取引と業務提供誘引販売取引では日数が20日以内とされること、の2点で割賦販売法と異なっている。

　平成20年の法改正では、①指定商品・役務制の廃止、②電子メールの広告に関する規制（オプトイン規制）の導入、③訪問販売における再勧誘の禁止、④訪問販売での過量販売の禁止（1年以内は無条件で契約解除が可能）、⑤通信販売の返品ルールの明確化（通信販売業者が返品特約を広告に表示していない場合は、商品到着後8日以内であれば、送料消費者負担で返品が可能）という、大きな改正がなされた。

　さらに、平成28年の法改正では、訪問販売など消費者トラブルを生じやすい特定の取引類型を対象として、事業者による不公正な勧誘行為の取締り等が強化された。

## 【 特定商取引法　平成28年改正の主な内容 】

①悪徳事業者への対応強化

　　業務停止を命じられた者が新たに法人を設立して停止範囲の業務を継続する行為の禁止、業務停止命令の期間伸長（最長1年→2年）、刑事罰の強化（法人の罰金を300万円以下から1億円以下に引上げ）、他

②所在不明の違反事業者には、公示送達によって処分を可能に

③消費者利益を保護するための措置を消費者庁から指示可能に

　　（例：不実告知により行政処分を受けたことを顧客に通知させる）

④電話勧誘販売における過量販売規制の導入

　　消費者が日常生活において通常必要とされる分量を著しく超える商品の売買契約等を行政処分の対象とし、申込みの撤回または解除を可能に

　　（例：寝具を4ヵ月で6回購入させた場合）

⑤その他

　　取消権の行使期間の伸長（6ヵ月から1年に）、他

令和3年法改正では、悪質商法に対する対策強化が行われた。

## 【 特定商取引法　令和3年改正の主な内容 】

①通販の「詐欺的な定期購入商法」対策

　　定期購入でないと誤認させる表示等に対する直罰化、同表示による申込みの取消制度の創設、契約解除妨害行為の禁止等

②送り付け商法対策

　　売買契約に基づかないで送付された商品について、送付した事業者が返還請求できない規定の整備等（現行では消費者が14日間保管後処分等が可能→改正後は直ちに処分等が可能に）

③消費者利益の擁護増進のための規定の整備

　　消費者からのクーリング・オフの通知について電子メールの送付等で行うことを可能に、事業者が交付しなければならない契約書面等について、消費者の承諾を得て、電子メールの送付等で行うことを可能に等

過去問　令和5年度　第19問　景品表示法
　　　　令和3年度　第5問　景品表示法

# 資本市場へのアクセスと手続

| 第1章 | 資本市場に関する基本 |
| 第2章 | 企業の情報開示 |
| 第3章 | 株式公開手続 |
| 第4章 | 社債の発行 |

## 論点1　資本市場に関する基礎知識

### ポイント

資本政策とは、企業の成長に必要な資金調達を行うための財務戦略である。企業の資金調達方法には、大きく分けて、直接金融（株式市場などの資本市場からの資金調達）と、間接金融（金融機関からの借入）がある。

### 1 資本政策

　資本政策とは、企業の成長に必要な資金調達を行うための財務戦略であり、事業計画と整合していることが重要である。事業計画に基づいて、必要な開発資金・設備投資資金・運転資金などを算出し、「いつ・いくら・どのように」調達するのかを決めていくことになる。

### 2 資本市場

　資本市場とは、国の財政資金や企業の設備投資などの長期資金を調達または供給する金融市場のことである。このうち、企業の長期にわたる資金需要を満たす取引に着眼すると、以下の2つの観点で分類できる。

【 直接金融と間接金融 】

| 区分 | 意味 | 企業側のメリット |
|---|---|---|
| 直接金融 | 資金提供者と企業が直接的に契約を交わす形態。リスクは貸し手が負う。 | 調達コスト設定の自由度が高い。信用力が向上する。 |
| 間接金融 | 資金提供者と企業の間に金融機関が介在する形態。リスクは金融機関が負う。 | 企業情報を公表しなくても資金調達できる。手続が簡易で機動的利用が可能。 |

【 自己資本と他人資本 】

| 区分 | 意味 | 特徴 |
|---|---|---|
| 自己資本 | 株式による資金調達 | メリット：返済義務がなく、安定的かつ低コストに資金調達可能。<br>デメリット：議決権比率次第では経営の安定性が脅かされる。 |
| 他人資本 | 金融機関等からの借入、社債の発行等 | メリット：法律上は会社の経営に介入されない。<br>デメリット：元本と利息の支払が必要。 |

## ❸ 投資事業有限責任組合

### ① 投資事業有限責任組合とは

「投資事業有限責任組合契約に関する法律」(通称「ファンド法」、「LPS法」)に基づく契約によって成立した組合(投資ファンド)である。

まず、投資家(主に機関投資家)がこの組合を組成する。ベンチャー企業は、組合への未公開株式の譲渡または株式転換予約権付社債の発行により、資金を調達する。投資家は出資額に応じ、投資先の株式や社債の持分を保有する。

### ② 制度の経緯

従来、投資事業組合は民法上の組合として組成され、業務執行をしない組合員も無限責任を負うという高リスクな制度であったため、ベンチャー企業に対する円滑な資金供給ができなかった。そこで、平成10年に、ベンチャー企業への投資供給促進のため、業務執行をしない組合員は出資額の限度で責任を負う(有限責任)とする本法が制定された。

当初、投資事業有限責任組合の投資対象は「未公開の中小企業」などに限定されていたが、平成16年4月の法改正により、その制限が撤廃され、上場企業、中堅・大企業にも投資できるようになった。

### ③ 制度のメリット

同法に基づいて銀行が有限責任組合員となる場合、独占禁止法の5%ルール(1社の総株式に占める保有株式の割合は5%以内)の適用除外となる。また、組合には法人税がかからない。

---

追加 ポイント

〈投資事業有限責任組合の実際の運用〉
投資事業有限責任組合は、設定ごとに「第○号投資事業有限責任組合」と名称が付けられ、投資対象会社、基金額、期間などが決められる。

---

過去問　過去5年間での出題はない。

## 論点2　金融商品取引法と情報開示

### ポイント

金融商品取引法は、有価証券の流通を円滑化し、投資家を保護するため、主に上場企業に対して、有価証券報告書の提出や企業情報の開示を義務付けている。

### 1 金融商品取引法

金融商品取引法は、会社法の特別法であり、主として有価証券を発行し市場に流通させる上場会社等に情報開示（ディスクロージャー）を義務付け、有価証券流通の円滑化と投資家の保護を図る法律である。従来の「証券取引法」などを改正・統合し、平成19年9月30日から施行された。

### 2 有価証券報告書

金融商品取引法では、上場企業などの公開会社に対し、事業年度ごとに有価証券報告書の提出を義務付けている。有価証券報告書は、各事業年度の終了後3ヵ月以内に、内閣総理大臣に提出しなければならない。有価証券報告書の虚偽記載は、刑事罰（懲役もしくは罰金またはこれらの併科）や課徴金（600万円と時価総額の10万分の6のいずれか高いほう）の対象となる。また各証券取引所の上場廃止基準に抵触する。

**【 有価証券報告書の内容 】**

| ①企業の概要 | 主要な経営指標等の推移、沿革、事業の内容、関係会社の状況、従業員の状況 |
|---|---|
| ②事業の状況 | 業績等の概要、生産・受注・販売の状況、対処すべき課題、事業等のリスク、経営上の重要な契約等、研究開発活動、財務状態及び経営成績の分析 |
| ③設備の状況 | 設備投資等の概要、主要な設備の状況、設備の新設・除去等の計画 |
| ④提出会社の状況 | 株式等の状況、自己株式の取得等の状況、配当政策、株価の推移、役員の状況、コーポレート・ガバナンスの状況 |
| ⑤経理の状況 | 連結財務諸表等、単独財務諸表等 |

## ❸ 情報開示（ディスクロージャー）

　情報開示とは、企業が投資家や債権者などの利害関係者に対し、経営や財務の状況をはじめ、各種の情報を公開することをいう。その主な目的は、事業内容や財務状況などを正確・公正かつ適時に開示することにより、投資や取引の判断を行うのに必要な資料を提供して、利害関係者の保護を図ることである。

### 【 情報開示の種類 】

| ①金融商品取引法によるもの | ・投資家のための情報開示である。<br>・上場企業に対し、事業年度ごとの「有価証券報告書」と「半期報告書」を、新株発行時には「有価証券届出書」を、それぞれ内閣総理大臣に提出することを義務付ける。 |
|---|---|
| ②会社法によるもの | ・株主と債権者のための情報開示である。<br>・すべての会社に対し、（ア）株主総会の招集通知に計算書類を添付すること、（イ）本店などで計算書類を閲覧させること、（ウ）定時株主総会の終結後遅滞なく貸借対照表を（大会社については損益計算書も）公告することを義務付ける。 |
| ③証券取引所の要請によるもの | ・証券取引所では、「迅速・公平・正確」の3つの原則に基づき、投資家の判断に影響する可能性のある事項の適時開示を求める。<br>・上場企業は業績予想（修正）、代表取締役の異動などに関して、決算短信の配布や記者発表などを行う。<br>・情報開示は電子化が進んでおり、平成13年から「EDINET」によるインターネット上の情報開示が行われている。 |

## ❹ 内部統制報告制度

　金融商品取引法では、米国法を参考に、平成20年4月1日以降に開始する事業年度から、上場企業に対して内部統制の整備と報告を義務付けている（いわゆる「J-SOX」）。内部統制の内容については、企業会計審査会が4つの目的と6つの基本的要素を定めている。

### 追加 ポイント

〈決算公告制度〉
平成17年より、電子公告の制度が導入されている。定款で電子公告を公告の方法とする旨を定め、その旨及び電子公告を実施するホームページアドレスを登記することにより、公告方法を電子公告にすることができる。

過去問　令和元年度　第8問　金融商品取引法における縦覧書類の公衆縦覧期間

# 論点3 株式公開の意義、留意点、手続

**ポイント**

> 株式公開により、不特定多数の投資家から広く資金を調達して財務体質を強化することができ、さらには知名度・社会的信用の向上など各種のメリットがある。一方で、事務量や経費の増大、経営に対する圧力などのリスクに留意しなければならない。

## 🔳 株式公開の意義

　株式公開とは、自社の株式を証券市場で投資家が売買できるようにすることである。

　株式公開により、不特定多数の投資家から広く資金を調達できるため、会社の財産的基盤を強化することができる。さらに、創業者にとっては創業者利潤の実現、会社としては知名度・社会的信用、人材獲得に関する優位性向上など、各種のメリットがある。一方で、投資家からの経営に対する圧力が高まり、事務量や経費の増大、買収されるリスクなどのデメリットもある。

### 【 株式公開のメリット・デメリット 】

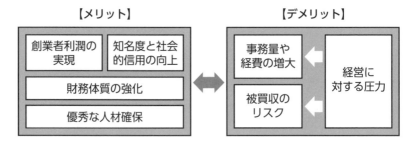

## 🔳 日本の株式市場

　近年、株式市場の統廃合が行われ、2023年9月現在では以下のようになっている。

### 【 日本の株式市場 】

| | 東京証券取引所 | 名古屋証券取引所 | 福岡証券取引所 | 札幌証券取引所 |
|---|---|---|---|---|
| 一般市場 | プライム | プレミア | 本則市場 | 本則市場 |
| | スタンダード | メイン | | |

| 新興市場 | グロース | ネクスト | Q-Board | アンビシャス |
|---|---|---|---|---|
| プロ市場 | TOKYO PRO Market | − | − | − |

## ❸ 株式公開の基準

　株式公開にあたっては、各証券取引所の上場審査基準に適合する必要がある。この審査基準には、形式要件(利益、純資産、株主数、公開株式数、時価総額など)と実質要件(企業経営の継続性及び収益性、健全性、管理体制、企業開示の適正性など)がある。

## ❹ 株式公開の手続

　通常、上場の3期前には上場準備に着手し、幹事証券会社や監査法人のサポートを受けながら、これらの基準に適合できるように社内体制を整備していく。上場前の公募等を行う場合は、ブック・ビルディングまたは競争入札により、公募または売り出しの価格が決定される。

### 【 株式公開までの流れ 】

| 公開意思決定 (3期前) | 公開準備期間 (2期前) | 公開申請直前期 | 公開申請年度 |
|---|---|---|---|
| ・主幹事証券会社の決定<br>・監査法人の決定<br>・従業員持株会の設立 | ・経営管理体制の整備<br>・内部統制体制の確立<br>・会計制度の整備<br>・関係会社の整備 | ・ストックオプションの導入<br>・信託・代行会社の決定 | ・証券取引所に上場を申請<br>・IR体制整備 |

---

追加 ポイント

〈株式の「公開」と「上場」〉
株式の「公開」と「上場」は同義に扱われることも多いが、会社法はすべての株式に譲渡制限を付する会社を「株式譲渡制限会社」、それ以外を「公開会社」としており、証券取引所への上場の有無は問わないので、注意したい。

 過去問　令和元年度　第22問　マザーズの上場審査基準

## B　論点4　社債の種類と発行手続

> 社債発行は、株式発行と同じ「直接金融」に属する。株式は返済の義務が
> ない（自己資本になる）のに対し、社債は返済の義務がある（他人資本になる）
> 点に違いがある。社債には、株式公開に比べて短期間で実施できる、株式
> 価値を損ねずに資金調達できる、等のメリットがある。

### ❶ 社債とは

　会社法の規定により、会社が行う割当により発生する、当該会社を債務者とす
る金銭債権であって、募集社債に関する事項の決定に従って償還されるものをいう。
会社法では、社債は株式会社に限らず、すべての会社で発行可能とされている。

　株式会社においては、取締役会設置会社では取締役会決議により、取締役会
非設置会社においては定款に別段の定めがある場合を除いて取締役の決定によ
り、それぞれ社債を発行できる。ただし、後述の私募債を除き、発行価額の総
額が1億円以上の場合には、有価証券届出書の提出義務を負う。

### ❷ 社債の種類

#### ① 公募債と私募債

　公募債とは、不特定多数の一般投資家に広く募集を募り、新しく発行される
社債である。投資家保護の観点から、財務内容など一定の基準（適債基準）を
満たすことが必要である。

　私募債とは、特定少数の投資家に対して新しく発行される社債である。公募
債の適債基準を満たさない企業でも、簡易な手続で発行できる。私募債はさら
に、少人数私募債とプロ私募債に分かれる。

| 少人数私募債 | （後述 ❸ を参照） |
|---|---|
| プロ私募債 | 勧誘の相手方の人数にかかわらず、専門的知識を持つとされる適格機関投資家（証券会社、銀行、保険会社など）のみを相手方とする社債。 |

② 普通社債、転換社債、ワラント債

社債権者に与えられる権利の違いによる種別である。

| 普通社債 (SB) | 満期が設定され、満期までの間、債券を保有している投資家に対してクーポン (利息) が支払われる。 |
|---|---|
| 転換社債 (CB) | 普通社債の条件に加え、ある一定の価格においてその会社の株式に転換することができる条件が付帯する。 |
| ワラント債 (新株予約権付社債) | 通常の社債とセットでその会社の株式を一定の価格で購入することができる権利が付く。会社法上の根拠は転換社債と同じである。 |

## ❸ 少人数私募債

少人数私募債とは、私募債の一種で、会社が身近な少数の人から直接事業資金を募るために発行する社債である。公募債では必要とされる有価証券届出書の提出義務がなく、社債管理者 (後述) も必要ないため、時間と費用をかけずに簡単に発行することができる。

少人数私募債の条件は、以下の3つである。

① 適格機関投資家 (金融機関等) を除いた勧誘対象先が50人未満であること。

② 社債の発行総額が社債の一口額面の50倍未満であること。

③ 一括譲渡を除く譲渡制限を設け、譲渡には取締役会の決議を必要とすること。

たとえば、最低券面額が100万円の場合は、上記の②により、発行限度額は4,900万円となる。

## ❹ 社債管理者と社債権者集会

社債管理者とは、社債を発行する会社から委託を受けて社債権者のために弁済の受領、債権の保全その他の社債管理を行う機関である。社債権者の利益のため、社債の弁済を会社から受け、回収のための一切の裁判上及び裁判外の行為が可能である。

社債権者集会とは、社債権者の利益保護のために認められる、社債権者からなる合議体のことである。社債の利払いや元本の返済がなされないような事態に対応し、発行会社・社債管理会社・社債権者が臨時に招集され、支払猶予や

免除等について社債金額に応じた議決権行使・意思決定をする。

　なお、社債権者集会の決議は、裁判所の認可がなければ効力が生じない。

令和3年度　第1問　社債
令和元年度　第5問　株式と社債の比較

# 【参考文献】

〈総合〉

・法令データ提供システム「e-Gov」総務省行政管理局

〈民法・事業承継〉

・中小企業庁『中小企業経営承継円滑化法申請マニュアル』
・中小企業基盤整備機構『中小企業経営者のための事業承継対策（令和5年度版）』
・筒井健夫ほか『一問一答　民法（債権関係）改正』商事法務
・堂薗幹一郎ほか『一問一答　新しい相続法——平成30年民法等（相続法）改正、遺言書保管法の解説』商事法務
・法務省ウェブサイト

〈会社法・税制〉

・江頭憲治郎『株式会社法 第8版』有斐閣
・中小企業庁『上手に使おう！中小企業税制33問33答』
・法務省ウェブサイト

〈倒産処理・事業再生〉

・山本和彦ほか『倒産法概説 第2版補訂版』弘文堂
・私的整理に関するガイドライン研究会『私的整理ガイドライン』
・中小企業の事業再生等に関する研究会『中小企業の事業再生等に関するガイドライン』
・J-Net21ウェブサイト
・金融庁ウェブサイト

〈知的財産権〉

・特許庁『工業所有権法（産業財産権法）逐条解説 第22版』
・特許庁『2023年度 知的財産権制度入門テキスト』
・特許庁ウェブサイト
・日本弁理士会ウェブサイト
・文化庁『著作権テキスト 令和5年度』
・文化庁ウェブサイト
・経済産業省『逐条解説不正競争防止法 令和元年7月1日施行版』
・経済産業省ウェブサイト

〈国際取引、英文契約書、各種の契約〉

・吉川達夫・飯田浩司『英文契約書の作成実務とモデル契約書 第4版』中央経済社
・日本貿易振興機構（JETRO）ウェブサイト
・横張清威『ビジネス契約書の見方・つくり方・結び方』同文舘出版

・日本フランチャイズチェーン協会ウェブサイト

### 〈独占禁止法・下請法〉
・公正取引委員会『知ってなっとく独占禁止法』
・公正取引委員会『優越的地位の濫用〜知っておきたい取引ルール〜』
・公正取引委員会『知るほどなるほど下請法』
・公正取引委員会・中小企業庁『下請取引適正化推進講習会テキスト（令和4年11月）』
・公正取引委員会ウェブサイト

### 〈消費者保護に関する法律〉
・消費者庁『事例でわかる！景品表示法』
・消費者庁ウェブサイト
・経済産業省ウェブサイト

### 〈金融商品取引法〉
・近藤 光男ほか『基礎から学べる金融商品取引法 第5版』弘文堂
・仁木 一彦・久保 惠一『図解 ひとめでわかる内部統制 第3版』東洋経済新報社
・金融庁ウェブサイト
・日本公認会計士協会ウェブサイト

### 〈株式公開〉
・久保 幸年『上場基準・上場審査ハンドブック』中央経済社
・日本取引所グループウェブサイト
・日本証券業協会ウェブサイト

## 【A～Z・数字】

CISG ·················································151
DDS（Debt Dept Swap）·················74
DES（Dept Equity Swap）···············75
DIP 型会社更生手続·······················71
DIP ファイナンス···························73
LLP ·················································43
NPO 法人········································43
ODM 契約······································155
OEM 契約······································155
PL 法·············································188

## 【あ行】

遺産分割·········································163
意匠権·····································78, 102
意匠制度···········································96
位置の商標·····································105
遺留分············································164
インコタームズ······························150
ウィーン売買条約····························151
動きの商標·····································105
営業秘密·········································116
英文契約書·····································153
音の商標·········································105

## 【か行】

会計監査人·····································178
会計参与·········································177
会社更生手続·····································70
会社分割······························46, 56, 62
課徴金減免制度·······························184
割賦販売法·····································193
合併······································46, 50
株式移転·······························46, 58
株式会社····································40, 166
株式会社の機関·······························170

株式公開·········································202
株式交換··································46, 58
株式交付制度·····································53
株式市場·········································202
株主··············································166
株主総会·········································172
株主総会の決議要件·························172
簡易組織再編·····································60
監査等委員会設置会社······················180
監査役·········································177
監査役会·········································177
間接金融·········································198
関連意匠·········································100
危険負担·········································144
記号商標·········································104
吸収合併···········································50
吸収分割···········································56
金融検査マニュアル··························75
金融商品取引法·······························200
組物の意匠·······································99
経営承継円滑化法····························164
景品表示法·····································191
契約··································138, 140
契約不適合責任·······························144
結合商標·········································104
現物出資···········································41
合資会社···········································42
合同会社···········································42
合弁契約·········································156
合名会社···········································42
公募債············································204
小売等役務商標·······························112
国際裁判管轄·······························148
国内優先権·········································87
個人事業···········································38

## 【さ行】

債権 136
債権者代位権 145
債務不履行 143
詐害行為取消権 145
三角合併 52
産業財産権 79, 127
色彩の商標 105
事業譲渡 46, 54
自己株式 168
自己資本 198
下請法 184
実演家人格権 123
実用新案技術評価書 94
実用新案権 78, 92
私的整理 74
私募債 204
資本市場 198
指名委員会等設置会社 179
社債 204
社債管理者 205
社債管理補助者制度 206
社債権者集会 205
出版権 129
ジュネーブ改正協定 132
種類株式 169
準拠法 148
譲渡制限株式 168
小人数私募債 205
消費者基本法 190
消費者契約法 190
商標権 78, 108
商標制度 104
商標法に関するシンガポール条約 133
商品化権 130
情報開示 201
職務発明制度 84
新規性 82, 98
新設合併 50

新設分割 56
進歩性 83
図形商標 104
製造物責任法 188
先願主義 108
先使用権 111
創作性 98
相続 162
双務契約 144
組織再編 46, 60

## 【た行】

第三者割当増資 63
代表取締役 176
他人資本 198
担保物権 161
地域団体商標 111
知的財産権 78
仲裁 149
直接金融 198
著作権 118, 125
著作財産権 120
著作者人格権 120
著作隣接権 123
ディスクロージャー 201
転換社債 205
典型契約 140
倒産 66
投資事業有限責任組合 199
同時履行の抗弁権 144
登録主義 108
独占禁止法 183
特定商取引法 194
特定非営利活動法人 43
特許異議の申立て 90
特許協力条約 131
特許権 78, 80
特許無効審判 90
取締役 175

取締役会 ………………………………… 176

### 【な行】

内部統制報告制度 ………………………… 201

### 【は行】

破産手続 …………………………………… 68
パリ条約 …………………………………… 131
ビジネスモデル特許 ……………………… 81
秘密意匠 …………………………………… 99
不正競争行為 ……………………………… 113
不正競争防止法 …………………………… 113
普通社債 …………………………………… 205
物権 ………………………………………… 160
不当利得 …………………………………… 147
部分意匠 …………………………………… 99
不法行為 …………………………………… 146
フランチャイズ契約 ……………………… 155
プロ私募債 ………………………………… 204
ベルヌ条約 ………………………………… 133
法人 ………………………………………… 38
保証債務 …………………………………… 142
ホログラムの商標 ………………………… 105

### 【ま行】

マドリッド協定議定書 …………………… 132
民事再生手続 ……………………………… 72
無審査登録制度 …………………………… 92
文字商標 …………………………………… 104
持分会社 …………………………………… 42

### 【や行】

有価証券報告書 …………………………… 200
有限責任事業組合 ………………………… 43
予備的合意書 ……………………………… 149

### 【ら行】

ライセンス契約 …………………… 127, 130
立体商標 …………………………………… 104
略式組織再編 ……………………………… 60
連帯保証債務 ……………………………… 142
労働契約承継法 …………………………… 62

### 【わ行】

ワラント債 ………………………………… 205

# 【編者】

中小企業診断士試験クイック合格研究チーム

平成13年度以降の新試験制度に合格し、活躍している新進気鋭の中小企業診断士7名の研究チームであり、2次試験対策で毎年ベストセラーである『ふぞろいな合格答案』の執筆者で占められている。

メンバーは、山本桂史、梅田さゆり、志田遼太郎、中村文香、山本勇介、赤坂優太、大久保裕之。

上記研究チームのメンバーは診断士試験の受験対策だけでなく、企業内での業務改善に取り組んだり、全国各地の創業支援・事業継承・新規事業展開ならびに人事改革のコンサルティングやセミナーなどを通し中小企業支援の現場に携わっている。

本書「経営法務」は、山本勇介により執筆。

---

本書出版後に訂正（正誤表）、重要な法改正等があった場合は、同友館のホームページでお知らせいたします。

http://www.doyukan.co.jp

---

2024年1月10日　第1刷発行

2024年版
中小企業診断士試験 ニュー・クイックマスター
⑤ 経営法務

編　者　　中小企業診断士試験クイック合格研究チーム
　　　　　　　　　　　　　　　山　本　勇　介
発行者　　　　　　　　　　　脇　坂　康　弘

発行所　株式会社 同友館
〒113-0033 東京都文京区本郷2-29-1
TEL. 03 (3813) 3966
FAX. 03 (3818) 2774
URL https://www.doyukan.co.jp

落丁・乱丁本はお取替えいたします。　　　KIT／中央印刷／東京美術紙工
ISBN 978-4-496-05678-9　C3034　　　　　Printed in Japan